Religions et croyances

宗教與信仰

DOMINIQUE JOLY 著

王書芬 譯

三民書局

Crédits photographiques

目

次

亞伯拉罕後裔的宗教

地中海東岸

猶太教、基督宗教和伊斯蘭教是目前世界上擁有眾多信徒的宗教。

這三大宗教通稱為「一神論」的宗教，因其教義的根本，都是信仰唯一的神。

三者的誕生雖然相隔好幾個世紀，然而卻同樣孕育自歐、亞、非的交界，亦即人類文明的傳播重鎮——地中海東岸；該地一向是人文、商賈和思想交通之處。

這三大宗教被認為是「聖書宗教」；所謂「聖書」是指人受了唯一的神的啟示而將祂的話語謄寫編彙成的著作。包括猶太教徒信奉的《希伯來聖經》，也就是基督徒所稱的《舊約》；基督徒除了信奉《舊約》，又加上《新約》，合稱《聖經》；而被稱為穆斯林的伊斯蘭教徒，則信仰受真神啟示的《可蘭經》。

信仰一神的宗教以全人類為對象，傳遞得救的信息，所以是普世的宗教。

約旦河谷

中東位處歐、亞、非的交會，世界三大一神論宗教皆在此地誕生，並開花結果：公元前11世紀，猶太教在迦南地巴勒斯坦發源，公元1世紀又有基督宗教誕生，伊斯蘭教則於公元7世紀在阿拉伯興起。

亞伯拉罕
後裔的宗教

「萬民之父」——亞伯拉罕

這三大宗教本來同源，因衝突和不解而分開。不論猶太教徒、基督徒或伊斯蘭教徒，都認亞伯拉罕為祖先。公元前19世紀，有一個中亞的游牧部落，穿越了美索不達米亞平原，來到地中海邊的迦南地；這個部落的族長就叫亞伯拉罕，他是第一個相信天地間只有一位真神的人。《聖經》上記載了亞伯拉罕蒙神的呼召：「你要離開本地、本族、父家，往我所要指示你的地去。」亞伯拉罕於是從迦勒底的吾珥出發，中途到達哈蘭，又向迦南地前進，也就是後來的巴勒斯坦，最後在希伯崙定居。

亞伯拉罕有兩個兒子。他和女僕夏甲所生的長子以實瑪利，被認為是阿拉伯人和伊斯蘭教徒的祖先。亞伯拉罕的妻子撒拉，一直沒有生育，年紀很大了才生下以撒；猶太教徒和基督徒自稱是以撒的精神後裔。

幔利橡樹下

根據《聖經》記載，亞伯拉罕就是在這橡樹下接待天使的。天使告訴亞伯拉罕，他不久會有個兒子出生，即以撒。對伊斯蘭教徒而言，這段故事不過是表現出亞伯拉罕的殷勤好客罷了。對猶太教徒來說，亞伯拉罕因為得到了神的應許，才使部族來日能夠瓜瓞延綿。基督徒則將之與聖母馬利亞所受的聖告相提並論。

亞伯拉罕後裔的宗教

猶太教

法版

法版為摩西在西奈山上所領受的，被置於約櫃內。約櫃用皂莢木製成，櫃身內外皆以精金包裹，安放在應許之地的耶路撒冷聖殿。

希伯來人本來寄居尼羅河三角洲東部，太平無虞。公元前 13 世紀起，不知何故安寧不再，所以上帝命令摩西解救同胞，並將自己的名字啟示給摩西，共四個字母 "YHWH"（耶和華），意思是「自有永有的」。

亞伯拉罕
後裔的宗教

流離顛沛的希伯來人

猶太人至今仍奉行祖先希伯來人的宗教。希伯來人是上古時代閃族* 的一支，總是不停的遷徙、遭受流放和迫害，他們的歷史在《聖經》中都有描述。

亞伯拉罕奉神（猶太人稱為「耶和華」）之命，和他的族人向迦南地遷移，並與神立下「盟約」：希伯來人成為神的選民，神賜給祂的選民「應許之地」——迦南地。亞伯拉罕立誓奉耶和華為唯一的神，全心全意服事祂。

亞伯拉罕的後裔受饑荒所迫，遷往富庶的埃及，卻在那裡受埃及人奴役了四百年。在摩西的帶領下，他們逃出埃及，穿越西奈沙漠，希望取回應許之地。此時耶和華和希伯來人重定過去和亞伯拉罕所立的盟約。祂頒佈「法版」給摩西，上面刻有十誡，是神的選民必須遵行的根本法律。

以色列王國

希伯來人歷經漫長艱辛的征戰，終於可以在應許之地安居。為了建國保家，希伯來人擁立國王，先立掃羅（公元前 1035-前 1015 年）為王，後擁大衛（公元前 1015-前 975 年）為王，大衛王領軍攻克西奈山，在山上建立首都耶路撒冷。他為鞏固王權，建立常設行政和軍事機構。後由其子所羅門繼任為王。所羅門王統治期間（公元前 970-前 930 年），國泰民安，社會富庶。他在耶城建造了一座豪華的宮殿，以及第一座聖殿，存放約櫃。此時是以色列王國的顛峰時期。

所羅門王駕崩時，國內勢力分歧，導致以色列王國一分為二，北國稱為以色列，南國稱為猶大。社會越來越不平等，人們不再遵守和耶和華的盟約。先知如耶利米和以西結，自稱受神的啟示，以祂的名講話，並以身作則，體現嚴格的宗教精神。於是一神信仰慢慢形成，日益穩固。

所羅門聖殿

耶和華為了考驗亞伯拉罕的信心，命令亞伯拉罕獻出獨生子以撒作為燔祭。所羅門王後來就在亞伯拉罕獻子處耶路撒冷，興建了聖殿。豪華的所羅門聖殿，由香柏木板鋪建而成，內由一群祭司主持獻祭。公元前 587 年，巴比倫人進攻耶城，所羅門聖殿遭到摧毀。

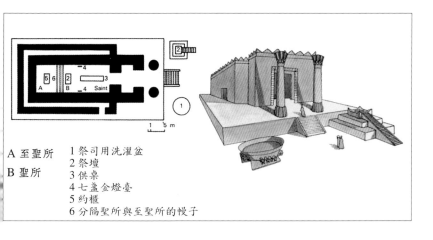

A 至聖所
B 聖所

1 祭司用洗濯盆
2 祭壇
3 供桌
4 七盞金燈臺
5 約櫃
6 分隔聖所與至聖所的幔子

亞伯拉罕
後裔的宗教

流散

圍城瑪薩達

瑪薩達位於一座面臨死海的岩山頂端，是猶太人抵抗羅馬人侵略的最後堡壘。公元 72 年為羅馬人所攻破，圍城裡的猶太人寧願自盡也不投降。

希伯來人及其後裔有以色列人和猶太人兩種稱呼：亞伯拉罕的兒子以撒生雅各，而神賜給雅各的名字，就是「以色列」(與神搏鬥)，所以稱「以色列人」；或沿襲原本北方猶大支派的稱號，稱「猶太人」。

鄰強覬覦之地

之後希伯來人勢力衰退，四分五裂，終不敵鄰國侵略。公元前 722 年，亞述人佔領了北國以色列。公元前 587 年，南國猶大亦被巴比倫國王尼布甲尼撒攻陷。巴比倫國王摧毀了耶路撒冷城。聖殿被燒成灰燼，一部分希伯來人被放逐到巴比倫，這就是歷史上的「大流放」。

五十年後，波斯國王居魯士入主巴比倫王國，下令允許南國猶大的居民重返家園，再造耶路撒冷聖殿。然而往日的王國並沒有因此復興起來。不久迦南地就被劃為希臘塞流卡斯王國的行省，後來又成為羅馬帝國的行省。

接二連三遭受外族統治，於是希伯來人開始向地中海沿岸和東方「流散」(Diaspora)*。公元 70 年，羅馬軍隊火燒耶城和聖殿，以敉平猶太人第一次大規模的反抗。之後，猶太人繼續向四處流散。

命途多舛的猶太人

散居各地的猶太人，集結成族群團體，靠著宗教信仰和民族傳統，來保存民族特性。

從中世紀起，歐洲有一些猶太教團體成立神修會所，他們注重信徒的心靈生活，強調默想神的聖言。但翻開歷史，猶太教團體卻無力使其民族免於不時遭受的欺壓、暴虐和迫害。16 世紀以後，猶太人被迫與他族隔離，同族聚居，產生所謂「猶太區」。猶太區往往慘遭他族蹂躪，例如 19 世紀俄國沙皇就曾大肆屠殺猶太人，迫使猶太人不得不移民他處。

有些猶太人移民到美國。尤其自 1933 年起，希特勒下令在德國執行猶太人全面篩檢政策，後來第二次世界大戰期間，德軍又在佔領區對猶太人故計重施，為躲避重重迫害，越來越多猶太人移民美國。1948 年，自納粹迫害行動中劫後餘生的猶太人，終於可以在祖先的土地上團聚。他們受猶太復國運動*的啟發，建立了以色列國。

現在以色列國土內外，還有兩大猶太人團體：一是中歐和東歐的猶太後裔，操意第緒語，叫 "ashkénazes"；一是西歐和西班牙的猶太後裔，叫 "sépharades"。

波蘭華沙的猶太區

第二次世界大戰期間，歐洲有六百萬猶太人喪生；猶太人稱此一慘劇為「大屠殺」。1943 年，波蘭華沙的猶太區被德軍包圍；反抗的猶太人被納粹送進集中營處死。

亞伯拉罕
後裔的宗教

七盞金燈臺

七盞金燈臺，原來安置
於所羅門聖殿內，是一
座油燈臺，常燃不熄，
象徵耶和華的臨在。這
件禮器已經成為猶太教
的標記。

亞伯拉罕
後裔的宗教

猶太教的信仰和傳統，以一神為依歸，並以
猶太教的聖書——《希伯來聖經》為基礎。

「神是唯一」

古代各民族崇拜多神，希伯來人是最先信仰
一神的民族。他們敬拜唯一的神——耶和華，
甚至不敢說出祂的名字。祂是全能的，祂是
造物主，祂是永恆不朽的，祂是「我的上主」，
祂是如此完美無缺，所以無法以任何事物來
象徵。祂原來是希伯來人的庇佑者，祂和祂
的「選民」立下盟約，要求他們恪遵祂向摩
西啟示的「十誡」。如果選民輕忽了這盟約，
耶和華就會處罰他們。不過希伯來人及其後
裔對自己民族的命運充滿信心，因為他們知
道一切終將獲得神的寬恕。

先知被視為耶和華的代言人，他們漸漸
地改變了希伯來人對神的想法。猶太先知們
確信耶和華並不是一位比其他神更偉大的
神，而是唯一的真神，是地上所有人的神。

公元前 7 世紀開始，先知以賽亞等人，
宣稱將有上主耶和華派遣的彌賽亞* 降臨。
這位彌賽亞將改變現世，讓人間充滿和平、
公義和愛。末日之際，猶太民族將重回先祖
的土地團聚，直到永遠。

耶和華的住所

耶路撒冷是猶太教的聖城。所羅門聖殿建於耶路撒冷，是猶太人宗教生活的唯一中心。

所羅門聖殿是所羅門王於公元前 950 年參考埃及神廟所建。聖殿前的廣場上，有一個龐大的盛水盆，《希伯來聖經》稱之為「銅海」，置於十二座銅牛雕像上。只有大祭司可以進入放置約櫃的至聖所。聖殿有數千名祭司進行服事。祭司獻上供物，焚燒馨香，以神之名祝福百姓。

會堂

公元前 587 年，所羅門聖殿被巴比倫人摧毀，後於公元前 520 年重建。公元前 20 年由希律王所建的聖殿於公元 70 年被羅馬人夷為平地。聖殿的遺跡現在已成為全猶太人重聚之地。散居各地的猶太教信徒團體，則前往各處的猶太教會堂*聚會。猶太教會堂都朝向耶路撒冷，會堂的盡頭有一面牆，牆內封藏聖櫃，櫃內裝的是「律法書」的卷軸。「律法書」即為「托拉」(Torah)。會堂和聖殿不同，沒有奉獻牲禮。信徒聚集於會堂，或是祈禱，或是閱讀和默想《聖經》，或是慶祝節日。

哭牆

耶路撒冷最後的聖殿，如今只剩西面的地基牆，基督徒稱之為「哭牆」。對從世界各地來到哭牆前祈禱的猶太教信徒而言，這裡是全耶路撒冷最神聖的地方。

以色列的國旗上印有大衛星。大衛星有六爪，自 17 世紀起，猶太人將之當作其民族信仰的象徵。

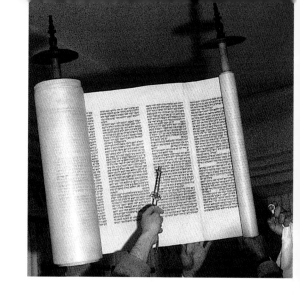

書中之書——《聖經》

猶太人被稱為「書的民族」。其信仰源頭來自於民族本身的豐富傳統；猶太傳統中所包涵的種種故事和信息，自公元前 1000 年起被記錄成文字，其內容直到目前還在持續增加。

在這許多典籍中，《聖經》是其中的典範，涵蓋各式篇章；這些篇章在被記錄成文字之前，先經由口述流傳了數個世代，終於在 1 世紀時彙集定稿，成為一部經典＊。

《希伯來聖經》彙集了二十四卷書，以希伯來文和亞蘭文寫成，分為三部分。第一部分為「托拉」（希伯來文意為「律法書」），希臘文意為「摩西五經」(Pentateuque)，包括〈創世記〉、〈出埃及記〉、〈利未記〉、〈民數記〉和〈申命記〉等五卷，描述天地萬物的創造和希伯來人早期的歷史。此外，還記載著神頒給摩西的律法和十誡；它是《聖經》的起始和核心，是猶太教的信仰基礎。

亞伯拉罕後裔的宗教

亞蘭文是閃語的一種，與希伯來文相似，在上古時代是近東通行的語言文字。

第二部分是「内布姆」(Nebiim)，即「先知書」，記述公元前 5 世紀以色列的歷史。第三部分是「客徒比米」(Ketubim)，即「聖錄」，包括祈禱文、詩歌*和故事。

《希伯來聖經》還要加上猶太人被流放後最初時期所寫的篇章才算完整，也就是《塔默德》(Talmud)，希伯來文意為「教導」。《塔默德》是「托拉」的注釋集，内容廣博，分為兩部分：一是「美斯納」(Mishna)，即「先人傳統」(最早為口傳，後以希伯來文記錄下來)；一是「革瑪拉」(Gemara)，是「美斯納」的詮釋。《塔默德》被視為猶太教的基本法典，是制定猶太教徒信仰生活規範的依據。

此外，《希伯來聖經》也收錄了一系列出自神祕教派喀巴拉 (Kabbale 或 Cabale) 的篇章。喀巴拉是猶太教於中世紀所形成的一個教派。相關的著作有〈創世錄〉和〈光輝錄〉，皆教導人要沉思和默想唯一的神。

《**聖**經》(*Bible*) 源自希臘文的「書」字 (biblion)。《希伯來聖經》是猶太教徒的聖書，也是基督徒的聖書。《希伯來聖經》計有二十四卷，又稱「托內客」(TaNaK)，該名稱由「律法書」(Torah)、「先知書」(Nebiim) 和「聖錄」(Ketubim) 三個部分的第一個字母所組成。這三部分合起來，幾乎就是基督徒的《舊約》。基督徒除了信奉《舊約》外，又再加上《新約》，成為基督宗教的《聖經》。

死海古卷

《希伯來聖經》的原稿始終未曾尋獲。目前最古老的版本是公元前 2 世紀的手抄卷，於 1947 年在死海附近的庫姆蘭被人無意中發現。

日常戒律

猶太教徒的日常生活和猶太教的禮儀與戒律
息息相關。信徒奉行禮儀和教規,表示服膺
耶和華的「律法」,並以此表現自己的信仰。

祈禱

「以色列啊,你要聽……」猶太教徒早晚背
誦的祈禱文,都是如此開始的。信徒不論在
會堂* 或自己家裡,一天都要朝耶路撒冷的
方向祈禱三次,祈禱時背誦「摩西五經」裡
的段落。信徒必須研讀「摩西五經」,並常在
心中默想其中的經文。

猶太教飲食規定

猶太教的飲食規定嚴明精確,目的在於凸顯
猶太人的民族特性。其中明定禁食如血等歸
屬於神的聖物。只有符合猶太教律法規定的

祈禱的信徒

猶太教男子在祈禱時會
戴上帽子或無邊小圓
帽,披上祈禱披巾,並
在額頭和左手臂戴上皮
製護經匣,裡面裝有節
錄自「摩西五經」的經
文。

亞伯拉罕
後裔的宗教

食物，信徒才能食用。猶太教信徒禁食豬、馬、駱駝和野兔，肉類和乳製品不可在同一餐內食用。

安息日

耶和華創世六天後，在第七天休息，猶太教遂定一星期的第七天為安息日，以資紀念。因此，從星期五日落到星期六傍晚，猶太教信徒必須停止工作，不能寫字、烹煮和縫紉，也不得金錢交易，連點火熄火、開關燈都不行，出遠門亦在禁止之列。

安息日時，信眾到會堂*參加安息日禮拜儀式。在禮拜中宣讀「摩西五經」裡的段落，並由拉比講道。拉比是猶太教友團的宗教指導，由教友團支薪。拉比並非神父。猶太拉比負責判定如何將猶太律法應用到日常生活中，並宣講「摩西五經」的道理。

安息日

在猶太家庭中，由母親在星期五日落前點上「安息日」蠟燭，請求上主賜福給她的工作和家庭。晚餐開始時，由父親祝聖麵包和酒。酒裝在一只專用的平底大口杯中。

《聖經》被翻譯成一千五百三十五種語言和方言，每年印刷超過兩千萬本。

人生階段

信徒社會和個人日常生活的重要事件，都和宗教禮儀息息相關。

巴黎猶太會堂割禮

「你們都要受割禮；這是我與你們立約的證據。」——〈創世記〉十七，11。

割禮

根據《聖經》記載，男嬰出生後第八天，須接受割禮。儀禮中割除男嬰包皮，不僅是以色列民族和耶和華立約的標記，也象徵受割禮的嬰孩加入此一盟約。

成年禮

男孩滿十三歲後，舉行成年禮，表示男孩在信仰上已經成年。典禮在會堂* 舉行，男孩第一次披上祈禱披巾，高聲朗讀「摩西五經」中的經文。從今以後，他必須奉行成人信徒的義務：遵守十誡，積極參與公開的猶太教禮拜。一場猶太教禮拜至少須由六到八人共同舉行。

　　有些猶太會堂也會為年滿十二歲的女孩舉行成年禮。

婚禮

一對夫妻的結合被視為聖潔的行為，可以使兩人更為神聖，並得以建立家庭，延續傳統。

亞伯拉罕
後裔的宗教

婚禮不一定在會堂＊舉行。安息日和節日時不舉行婚禮。

婚禮由雙方親友和證婚人出席，由拉比宣讀猶太教婚約，然後將婚戒交給新郎。此時新郎、新娘共披一件披巾，聆聽〈七福經〉，飲同杯酒。自古以來，新郎都會在婚禮結束前踩碎一只玻璃杯，以悼念耶路撒冷聖殿被毀滅。

喪禮

猶太人在逝者未出殯前，會在遺體旁邊點一盞燈，象徵其靈魂不死，還會放一小袋以色列的泥土，象徵逝者和祖國的血脈相連。

葬禮後一連七天，逝者的親戚朋友都會聚集逝者的家中祈禱。

猶太教婚約是一則成文的約定，載有丈夫對妻子應盡的義務，也說明妻子在婚姻中的權利與義務。此外，離婚或喪偶的情形，亦有規定。

婚禮

在聚集的信眾團體面前，新郎為新娘戴上婚戒，並說：「根據摩西和以色列民族的法律，這枚戒指代表妳已獻身成為我的妻子。」

猶太教的節日

普珥節

2、3月時，猶太教信徒會化裝成千奇百怪的樣子，互相交換糖果和禮物，慶祝普珥節，也就是命運節。普珥節是為紀念公元前5世紀時，出面拯救波斯猶太人的以斯帖皇后。

在住棚節時，猶太人還會組成隊伍，帶著一種由棕櫚葉、迷迭和柳枝合成的花束出外遊行，象徵散居各地的「神的子民」團結一心。

在時節交替之際，常有許多節日伴隨而來。猶太教的節日一方面紀念希伯來人的民族歷史大事，一方面提醒信徒銘記神對人永不改變的愛。

猶太新年

猶太新年以猶太曆計算，所以在秋天開始，是紀念上主創世的日子，洋溢歡樂氣氛，並會舉行許多慶祝活動。

贖罪日

猶太新年過後，是贖罪期，一連十天。贖罪期的最後一天叫贖罪日，是猶太教最重要的節日。信徒於此時齋戒，並在會堂* 內作長時間的祈禱，藉此懇求神寬恕他所犯的一切過錯。

住棚節

住棚節在秋收時舉行慶祝活動，以紀念希伯來人離開埃及，在曠野裡長期漂泊的歷史。

住棚節時，家家戶戶都會搬到帳棚下，或在樹枝搭成的小屋裡，居住七天。這種小屋類似農民在豐收時於田間搭蓋的小屋。

逾越節

逾越節對猶太民族的意義非常深重，必須全家團聚，是個重大節日，旨在緬懷《聖經·出埃及記》中所敘述的以色列民族大事：其中一段講到滅命天使降臨，殺死埃及所有頭胎的人和牲畜，只有希伯來人倖免於難的經過；另一段講到希伯來人離開埃及、脫離奴隸命運的遭遇。這一天要舉行一種特別的餐禮，其細節在《猶太教聖經釋集》中有所規定。行禮時，家中的父親會宣讀一篇述說以色列民族逃離埃及的故事*。餐禮中，家人飲鹽水、嚼苦菜、吃無酵餅配烤羊肉，象徵希伯來人告別奴隸命運前的最後一餐。

七七節

七七節為期七個星期，緊接在逾越節之後，共計五十天，所以又稱「五旬節」（希臘文寫作 "pentèkostè"，是「第五十」的意思）。七七節是為紀念耶和華於西奈山上賜給摩西法版的經過。這是猶太教形成的過程中，最重要的一段歷史。

修殿節 —— 光明節

修殿節在 12 月慶祝，為期八天；節日期間一天點燃一支蠟燭，八天後即將燭臺上八個分枝上的蠟燭點滿。修殿節在公元前 164 年喚起聖殿新的祝聖儀式。

現在大部分的猶太人團體都不住在以色列。住在以色列的猶太人計有四百萬，在美國有六百萬，在歐洲則有四百萬。

逾越節

一個摩洛哥家庭正在舉行猶太逾越節的儀式。家中的父親將酒分十次連續倒入瓶裡，以象徵埃及十禍。這十次災禍是耶和華所降，迫使法老王釋放希伯來人。

基督宗教

我們對四福音書的作者所知非常有限。〈馬太福音〉的作者大概是耶穌使徒*中的稅吏馬太。〈約翰福音〉可能就是使徒雅各的弟弟約翰所寫。使徒是耶穌從眾門徒*中揀選出來跟隨他的。耶穌的十二使徒分別是：彼得、安得烈、約翰、腓力、多馬、巴多羅買、馬太、達太、大雅各、小雅各、西門和猶大。

公元 1 世紀時，有一新的宗教出現──源於猶太教，就是基督宗教。基督宗教誕生於巴勒斯坦，之後傳到全羅馬帝國，以拿撒勒人耶穌為宗師，信徒稱為基督徒。

一個叫耶穌的猶太人

公元前 4、5 年間，耶穌誕生在猶大省的伯利恆。父、母親是約瑟和馬利亞，兩人都是大衛王的後裔。耶穌在加利利長大，以木匠為業。在祂三十歲左右，身邊跟隨了許多信眾和門徒*。祂自稱是「神的兒子」，並宣告祂父的國將要來臨。

耶穌在群眾之中引起廣大的迴響，卻讓猶太教的宗教領袖憂心忡忡，覺得自己的權力受到威脅。他們向當時統治巴勒斯坦的羅馬人舉發耶穌，於是耶穌遭判死刑，被釘死在十字架上。不久，耶穌的門徒就宣佈耶穌復活的消息。門徒認為耶穌就是彌賽亞*，就是先知所預言的「基督」，希臘文是 "khristos"，是「被揀選」的意思。

耶穌誕生
喬托 (Giotto) 繪

四福音書作者中，僅路加和馬太兩位有敘述耶穌誕生的情形。耶穌的父母是大衛王的後裔，生活條件卻很貧乏。他們來到伯利恆，原先是為了接受羅馬帝國的戶口普查。

22

亞伯拉罕後裔的宗教

四福音書——喜訊

耶穌並未留下任何著作，為祂撰述做見證的幾乎都是基督徒。耶穌的生平和講道記載於四福音書中。福音書的希臘文是"euaggelia"，意為「喜訊」。四福音書於公元70到100年間分別由馬太、馬可、路加和約翰寫成，其中，馬太和約翰是耶穌基督的使徒*。

　　福音書以各書作者的名字命名。〈馬可福音〉的作者馬可，是使徒彼得和保羅的朋友，於公元70年左右撰寫第一部福音。〈馬太福音〉和〈路加福音〉於公元80年代在敘利亞寫成，專為原本是猶太教徒的基督徒所寫。其中最早開始撰寫的是〈約翰福音〉，但直到公元90到100年間才於以弗所完成。

　　四福音書加上〈使徒行傳〉、「使徒書信」和〈啟示錄〉，合成《新約》。基督徒稱猶太人傳承下來的《希伯來聖經》為《舊約》，早於《新約》。

耶穌被釘在十字架上

耶穌被羅馬總督彼拉多審判後，遭到只有奴隸、盜匪和叛變首領才受的酷刑。祂被釘死在耶路撒冷各各他山的十字架上。十字架是基督宗教的重要象徵，教人不忘耶穌受難，也代表耶穌的復活。

耶利哥的盲眼人
普桑繪

福音書上記載耶穌所行的奇蹟：祂讓瞎眼的人看見、治癒痲瘋病人、教癱瘓的人行走，在加利利的迦拿把水變成了酒，以及增餅奇蹟等等。這些不僅是耶穌的事蹟，也象徵神的國即將來臨。

耶穌講道

在福音書中，耶穌不但是彌賽亞*，是猶太人所冀盼的基督，也是神的兒子。祂降生為人，為拯救人類而犧牲生命。後來耶穌復活升天，回到天父的身邊，祂猶如救主，戰勝了邪惡和死亡。

耶穌強調，祂並不是為打破摩西的律法而來。耶穌說，神的愛不再只給一群選民，而是給所有的人，他們彼此要情同手足，平等對待。

耶穌要他們相親相愛，彼此寬恕。相信祂並照著這個理想生活的人，祂就應許他們死後在天國能得永生。

基督宗教興起

耶穌受難以後，祂的使徒* 和信徒，積極地對巴勒斯坦的猶太人和流散* 各地的猶太人傳佈救世主的訓示。

亞伯拉罕後裔的宗教

耶穌常用比喻* 來講道理。祂運用形象化的故事，根據日常生活的簡單事例，傳遞祂所要表達的信息。

來自大數城的保羅原本是猶太人，後歸化為羅馬公民。在保羅的積極推動下，基督宗教脫離猶太教，傳播到地中海沿岸各大城市，如以弗所、安提阿和哥林多等地。保羅在當地建立基督的教會，並以書信和各教會保持聯繫，這些書信稱為「保羅書信」。

新興的基督宗教，特別為當時羅馬帝國港口和城市的市井小民所接受。公元 2 世紀時，基督宗教已經傳播到西方。

基督徒受迫害

在羅馬帝國境內，基督徒被視為猶太教宗派*的信徒，受到一定的寬容。到了公元 1 世紀末，基督徒不願再向羅馬皇帝和諸神行禮拜，也拒絕服兵役，信徒之間的相處又不分社會階級，對當時的既定秩序構成威脅。

儘管迫害不斷發生，基督宗教卻一直擴展，信徒與日俱增，逐漸形成一股重要的政治勢力。公元 313 年，君士坦丁大帝頒佈〈米蘭詔書〉，准許基督徒自由從事宗教活動。公元 349 年，在狄奧多希統治下，禁止人民祭拜古代諸神，並奉基督宗教為羅馬帝國的國教。

在公元 313 年〈米蘭詔書〉頒佈前，基督徒一直遭受殘酷的迫害。他們或被釘死在十字架上，或死於亂石之下，或被判與猛獸、力士搏鬥，殉道*的勇氣讓當時的人大為驚訝，反而掀起一波波改信的熱潮。基督徒祕密聚會，在聚會中禱告、唱詩歌、宣讀福音書，並分食餅和酒，以紀念耶穌最後的晚餐。信徒死後葬在城外的地下墓穴。

魚

早期的基督徒用圖案或形象來代表耶穌基督。希臘文「神的兒子，救世主，耶穌基督」中每個單字的第一個字母合起來為 "ichtus"，正是「魚」的意思，於是信徒就用魚來象徵基督。船錨也是基督的象徵。又取牧羊人的形象，稱耶穌基督為「善牧」。

亞伯拉罕後裔的宗教

初代教會

基督宗教的「信經」肯定三位一體（聖父、聖子、聖靈）的道理。「信經」宣認耶穌「是真神也是真人」，「在萬世之前，由聖父所生」。「信經」並承認赦罪的聖洗，相信死人的復活和最後的審判。

教會組織的基礎

公元 2 世紀以後，基督徒團體，也就是當時各個教會，聚集在一起，仿照羅馬帝國的組織，建立「基督唯一的教會」。每個城市都設有教區*，教區由主教領導。主教是使徒*的繼承人，由信徒選出。主教的身旁有一群神父，神父則有執事協助。一個行省中，每一個教區的主教都承認總主教的權力。亞歷山大、君士坦丁堡或羅馬等大城的主教均頗享威信。當初使徒彼得是在羅馬城殉道的；羅馬主教身為使徒彼得的接班人，被視為眾主教的首位，是基督在羅馬帝國的繼承人。公元 5 世紀，羅馬帝國分崩離析，羅馬主教的最高權位再度受到討論。

羅馬
聖薩賓納大教堂
最早的基督宗教建築援用羅馬公共會堂的格局，建造時經常借用舊日羅馬神殿的建材。

亞伯拉罕
後裔的宗教

基督宗教教義的奠定

基督宗教的教會合法以後，各地主教都會參加會議*，討論與教會信仰和生活有關的問題。與會主教的辯論，都以《聖經》和基督宗教的傳統為本。基督宗教的傳統包括「初代教父」如伊勒內、奧利振、聖若望、傑諾姆和奧古斯丁等人的思想論集。主教們以此訂定教義；教義是不容置疑的。

公元 4 到 6 世紀間，大公會議* 數度召開。此時基督宗教首度出現紛歧，許多異端*、謬誤教義被大公會議所遏止。「信經」（拉丁文是 "Credo"，意為「我信」）也在大公會議中訂定。「信經」是基督宗教信仰的精髓，也是每個信徒對自己信仰的約定。

獻身於神的修道人

自公元 3 世紀起，就有基督徒選擇避世隱居，如到沙漠中生活，稱為隱修士或獨居僧侶。另有基督徒在修道院過團體生活，由修道院院長規定院中的祈禱、勞動和飲食。這種新的信仰生活方式，稱為修會制度，起先在東方出現，不久就發展到西方。

現在通行的公元紀年，以耶穌誕生那年算起。耶穌誕辰是 6 世紀僧侶德尼・勒・玻堤（Denys le Petit）所推算和訂定的，不過比實際時間晚了四年。

基督徒的聖事和節慶

耶穌受洗

耶穌在約旦河裡由施洗約翰施洗。耶穌受洗的形象，正代表著基督徒受洗後立即展開的新生活。洗禮中所使用的水、特製的油和鹽都具有象徵意義。

亞伯拉罕
後裔的宗教

目前全球計有十九億基督徒，約佔全世界總人口數的三分之一。

「你們要這樣做，來記念我。」耶穌請求祂的門徒* 日後照祂所行的去做。基督宗教的教會稱此為「聖事」，因為這些動作是神聖的象徵，具有聖化* 的作用。從初期的教會開始，洗禮和領聖餐兩件聖事，就一直在基督徒的生活中具有重要地位。

嬰孩的洗禮必須由父母或一位成年人在場陪同。受洗之後，嬰孩就成為基督宗教全體的一分子了。

領聖餐是最重要的聖事。領聖餐的意義，在於紀念耶穌受難前夕與門徒分食餅和酒的最後晚餐，同時也悼念在十字架上犧牲的耶

穌。信徒吃象徵基督身體的餅，喝象徵基督寶血的酒。星期日時，領聖餐的儀式特別隆重，還包括宣讀《聖經》、祈禱和詠唱詩歌。

基督宗教的重大節慶

一年之中，基督宗教有許多節慶用來紀念耶穌基督一生的重要事蹟。

基督宗教的節慶，從 11 月展開。耶誕節的前四週，稱為將臨期，一面迎接耶穌誕辰，一面為祂於末日歸來作準備。

接下來就是耶誕節。基督宗教自公元 4 世紀起，訂定每年的 12 月 25 日為耶誕節，以慶祝神的兒子耶穌降生為人和祂的再臨。

四旬期共四十天，基督徒要過贖罪和簡約的生活，以準備復活節的到來。復活節是為了紀念基督復活。在復活節來臨前，先過聖週星期四，即建立聖餐節，紀念耶穌和門徒*的最後晚餐；然後是聖週星期五，即耶穌受難日，悼念耶穌在十字架上的犧牲。

復活節過後四十天的星期四，是耶穌升天日，為的是紀念耶穌升天。耶穌升天日過後十天，是聖靈降臨節，慶祝耶穌的門徒領受聖靈的那一天。

除了洗禮和聖餐外，數百年來，羅馬教會另有五件聖事，為東正教徒所承認，卻不被新教徒所承認。這五件聖事為：一是堅振聖事，使信徒堅定信仰與領受聖靈；二是和好聖事，贖罪或與人和好，以求犯得赦免；三是聖秩聖事，為封給神職的祝聖儀禮；四是婚姻聖事；五是病人傅油聖事（1963年以前稱為臨終傅油聖事），給病人帶來面對死亡的耐力和勇氣。

耶穌復活

復活節是基督宗教最盛大的節日，在逾越節當天開始，自此展開長達五十天的復活期，中間並慶祝耶穌升天日，直到聖靈降臨節時，復活期才告結束。

亞伯拉罕
後裔的宗教

東正教

東方的基督教會

東方的基督教會自稱是「正統的」，他們自認是「正統信仰」的護衛，在 11 世紀時和羅馬公教教會分道揚鑣。

在此之前，從第 4 世紀開始，以羅馬為中心的拉丁教會和以君士坦丁堡為中心的希臘教會，兩者之間就不斷出現紛爭。1054 年，因為宗教教義主張的歧異，又為了各自的政治和文化目的，雙方衝突終於爆發。教會的分裂也使基督宗教一分為二：一是羅馬公教（即天主教）教會，由羅馬教宗領導；一是東正教教會，隸屬君士坦丁堡主教。

直到 1964 年，東正教和天主教才開始拉近彼此的距離。自此以後，兩教教會不再延續「兄弟鬩牆」的局面，反而互稱「姊妹」。

聖三奧蹟　安得烈・魯伯雷夫 (Andreï Roublev) 繪

東正教的聖像被視為神聖的圖像。聖像通常繪在貼有金箔的木牌上，有些可以移動，有些則是固定的。最早的東正教聖像出自君士坦丁堡、俄羅斯的諾夫哥德和莫斯科等城市。15 世紀聖像畫家安得烈・魯伯雷夫曾於俄羅斯繪製聖像。

30

亞伯拉罕後裔的宗教

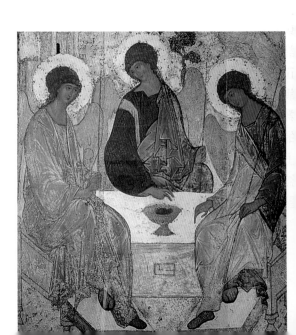

東正教教會

目前東正教分成幾個教會，僅耶路撒冷、亞歷山大城或君士坦丁堡的主教擁有最高權位；在俄羅斯、希臘、羅馬尼亞和塞浦路斯的教會，則屬於「自治」教會；在芬蘭和中國大陸的東正教教會，是完全獨立的。有重要事情時，則於公會或集會中決定。

東正教的信仰

東正教信徒每每引證天主教最早期的大公會議* 對教義的解釋，來確認自己的信仰。東正教信徒特別重視「三位一體」的道理。所謂三位一體，是指「聖父、聖子、聖靈」，雖為三位，卻合為一體，都來自相同的、唯一的神。東正教的慶典佈置特別金碧輝煌，加上場地寬闊，信徒詠唱讚美詩歌時總是餘音繚繞；典禮中還會敬拜基督、聖母馬利亞或聖人的聖像。

一東正教教堂內部

東正教重要節日來臨時，都會在富麗堂皇的教堂中舉行盛大慶典。復活節是東正教最重要的節日。8 月 6 日是耶穌顯容節，紀念耶穌向祂的三位門徒* 輝煌顯現。1 月 6 日是主顯節，紀念上主顯示給人。

在 基督徒中，東正教信徒有兩億一千七百萬人，特別集中在東歐和非洲，而非洲又以衣索匹亞佔多數。

天主教

教宗若望保祿二世

教宗由樞機主教召開教宗選舉會議*選出。若望保祿二世於 1978 年被選為第 262 任羅馬教宗。自此以後，他多次到世界各地訪問，並致信友牧函，表明天主教教會對特殊議題所持的立場。

天主教信徒計有九億人，佔基督徒人數的百分之五十三。在拉丁美洲和西歐佔絕大多數（其中巴西和墨西哥是世界排名一、二的天主教國家）。在北美洲、非洲和亞洲也有天主教信徒。

天主教遍佈世界

幾世紀以來，天主教發展史幾乎和西歐歷史重疊。16 世紀興起宗教改革運動，在天主教內產生了新教；面對眾叛親離，傳統的天主教自行革新，訂定教理，重組內部，並致力調適，以符合時宜（如 1545 至 1563 年的特倫多大公會議*，以及 1962 至 1965 年的梵諦岡第二屆大公會議）。同時，天主教持續進行其普世的使命（天主教的法文 "catholique"，有「普世的」之意），將福音書上的信息傳播到世界各地，並融入各種文化之中。天主教信徒在基督宗教中佔絕大多數。

天主教教會

天主教教會的組織和教宗的顯要地位，是其特色之一。教宗被視為使徒*伯鐸（彼得）的繼承人，他是教會在世界的領袖，是教會團結的保證人。在教宗之下，又有各個主教；他們出席各種會議，以決定教會的重大方向。在天主教國家，每個主教都有自己負責的教區*，並授與神父聖職。神父必須維持獨身，為堂區的信眾履行神職，並有獨身或已婚的執事和平信徒輔行宗教儀式。

亞伯拉罕
後裔的宗教

天主教的信仰

天主教是個擁有共同信仰、共同聖事和共同宗教生活的團體。其信仰奠基於：神的話語——《聖經》與天主教對《聖經》所做的評注和闡釋形成的傳統，最後再加上唯一有權力詮釋真理的天主教教會。

領聖體是最典型的聖事，信徒在彌撒中領受聖體。聖體聖事在主日——星期日舉行，信徒一起聚會，紀念基督最後的晚餐。在信徒眼中，神父在儀式中所說的話和所做的動作，都讓基督真實地臨在。自梵諦岡第二屆大公會議* 以後，天主教教會廢除彌撒必須使用拉丁文的規定。從此以後，彌撒時所用的語言，端看參加的信徒而定。

對謹守教規的信徒來說，崇敬耶穌的母親馬利亞和諸位聖人，有其特殊意義。馬利亞和諸聖，被視為信徒效法的模範，也是天主和人之間的中介者，受到眾多信徒的熱愛。尤其每逢重要節日，如 8 月 15 日的聖母升天日、11 月 1 日的諸聖節，信徒的慕情更是表露無遺；從到法國盧爾德 (Lourdes)、波蘭捷斯多丘瓦 (Czestochowa) 和葡萄牙法蒂瑪 (Fatima) 的朝聖人潮，都可看出信徒對聖母和聖人的熱愛。

天主教內有非常多的信仰團體，這些團體通常組成修會，修會成員在一起生活，遵守相同的規定。歷史上，天主教的修會一直都在幫助最窮困的人，修會成員多獻身傳教和講道。有些修會則遯世隱修，專事祈禱。目前天主教各修會入會男子逾二十萬人，女子逾九十五萬人。

一教堂中的典禮

自中世紀開始，信徒抱持著對信仰的熱忱，為了有場地舉行彌撒，於是積極參與建造教堂的工作。信徒在教堂聚集，參加彌撒和信友的人生大禮，如洗禮、堅振禮（十二到十五歲間舉行）、婚禮和喪禮等等。

亞伯拉罕
後裔的宗教

新教

馬丁・路德　克拉
納赫 (Cranach) 繪

馬丁・路德 (1483-
1546) 是掀起大規模反
抗運動而動搖羅馬教會
的第一人。他在德國威
丁堡教授《聖經》,對《聖
經》上所沒有記載的天
主教傳統,一律棄之不
顧。拜印刷術發達之賜,
路德的主張得以藉由書
籍形式迅速地傳遍歐
洲。喀爾文 (1509–1564)
重申路德的主張,並加
以發揚光大。他避難到
日內瓦和史特拉斯堡,
並在當地成立要求嚴
謹、苦修的新教團體。
他的著作《基督教要義》
(L'Institution) 以拉丁文
和法文出版,對象為一
般大眾。

推動宗教改革的路德和喀爾文

16 世紀初,歐洲正面臨轉變,許多人於此時
挺身而出,對抗羅馬天主教會的流弊。他們
指出,羅馬教會日益怠忽職守,對信徒漠不
關心,反而熱中財富和政治。馬丁・路德
(Martin Luther) 是一位日耳曼僧侶,他要求
天主教教會重新以福音書為根本,並質疑羅
馬教宗的權位。他認為信徒不能靠善行獲得
救贖,必須仰賴對耶穌基督的真誠信仰,而
且這份信仰是上帝所賜予的。

　　馬丁・路德的見解流傳開來,先有日耳
曼各邦君主順應,後來斯堪地那維亞各邦君
主也表贊成,促使新教教會誕生(或稱「改
革教會」)。路德成為後來其他神學家的開路
先鋒,其中喀爾文 (Jean Calvin) 的主張,就
傳遍法國、荷蘭和英國。另外英國國王亨利
八世與羅馬教宗不和,於 1534 年創立英國國
教,自任英國國教的領導人。

「榮耀歸唯一的神!」

新教徒認為,只有上帝是最神聖的,所以他
們不承認教宗的權力,也不認為在信徒和上
帝之間存有中介者。正因如此,新教徒並不
特別崇敬童貞馬利亞和諸聖。他們相信每個
領洗的人一律平等,平信徒和牧師共同治理
教會。主持禮拜的牧師,並不享有特權和優

亞伯拉罕
後裔的宗教

待。牧師受過神學教育後，方能宣講《聖經》。牧師不分男女皆可擔任，且不需維持獨身。

「為求真理，毋寧分裂」

新教徒僅承認洗禮和聖餐兩件聖事。信徒一生都以真理的唯一源頭——《聖經》，來豐富和持續自己的信仰。

目前，新教徒分佈在許許多多根據各種不同流派所建立的教會中。除了又稱「改革教會」或「長老教會」的路德教會和喀爾文教會外，遍佈英國及世界各地的英國國教教會，也屬於新教的陣營。所有的英國國教教會都在英國坎特伯利城 (Canterbury) 總主教的領導下，團結一致。

基督宗教的其他分支，陸續加入新教的熔爐，卻都和宗教改革保持距離。其中有衛理公會，於 18 世紀時由衛理兄弟於英國創立，致力更新福音生活。浸信會在美國特別發達，信徒堅持唯有成人方可領受洗禮。教友派和門諾會（艾米許團體）信徒愛好和平，反對暴力。基督復臨會、摩門教、耶和華見證人和救世軍等教派，多創立於美國，共同推行千禧運動；他們一致相信基督將於末日再臨，統領世界一千年。聖靈降臨教派屬於一個新近在美國興起的宗教運動，特別重視三位一體中的聖靈。

兩位女牧師

新教的禮拜由牧師主持，宣讀《聖經》和默想《聖經》格外重要；牧師可以是女性。

新教的人數難以估計，約有三億九千萬信徒。其中人數較多的是路德教派（七千萬人）、英國國教派（六千萬人）、喀爾文教派（五千五百萬人）、衛理公會和浸信會信徒。他們大多集中在歐洲、北美洲和非洲。

亞伯拉罕
後裔的宗教

伊斯蘭教

亞伯拉罕
後裔的宗教

前往耶斯律伯
(Yathrib) 的路上

穆罕默德出身麥加的古拉氏族，父母早逝，自幼學習帶領沙漠商隊，並娶富孀卡蒂雅為妻，替她帶領商隊。他帶領無數的沙漠商隊，經過阿拉伯、敘利亞和葉門等地，接觸到猶太教徒和基督徒，和他談論他們的宗教信仰。

在許多伊斯蘭教清真寺寺頂，都立有星星和月牙的徽紀，代表新月時的景象，也是伊斯蘭教的象徵。許多以伊斯蘭教為主要信仰的國家，國旗上都飾有星星和月牙的圖案。

繼猶太教和基督宗教之後，中東地區出現了第三大信仰一神的宗教，就是伊斯蘭教。伊斯蘭教於公元 7 世紀由先知穆罕默德所創，傳播得非常迅速。

先知穆罕默德

公元 570 年左右，穆罕默德誕生於阿拉伯的麥加。麥加是一個商業都市，位於各路沙漠商隊的交會口。當地居民和來自沙漠的游牧民族接觸，其中有猶太教徒與基督徒；而大多數的人都是信仰多神，他們都會來麥加朝聖。在麥加矗立著卡巴天房，內有「玄石」，是一處聖地，為阿丹（亞當）所建，後來又為易卜拉欣（亞伯拉罕）所重建。有些朝聖者在裡面朝拜一位唯一的真神，叫做「阿拉」，有些則朝拜其他各式各樣的神祇。

公元 609 年，穆罕默德在山洞中冥想時，聽到一個聲音對他說：真主阿拉將使他成為祂的使者，並要他宣道，教眾人順從阿拉的旨意。

遷移到麥地那

穆罕默德的家人和朋友，最先相信了他的經歷，但麥加當地人卻對他嗤之以鼻。公元622年左右，穆罕默德離開麥加，前往耶斯律伯，也就是後來的「先知之城」麥地那。這次的行動，稱為「希吉拉」，是阿拉伯語「遷徙」的意思。伊斯蘭教元年也就從這一年開始。

穆罕默德在耶斯律伯重整旗鼓，成為宗教、政治和軍事的重要領袖；他在那裡匯集了第一個穆斯林團體，穆斯林在阿拉伯語中指「信徒」。穆罕默德又發動「聖戰」，抵禦阿拉的敵人，多數阿拉伯部族都歸順在他的麾下。公元632年，穆罕默德逝世於麥地那。

穆罕默德逝世後，伊斯蘭教迅速的傳遍世界各地。阿拉伯人受到信仰的鼓舞，於是發動征戰，取得遼闊的領土，以廣傳伊斯蘭教。伊斯蘭在阿拉伯語中指「歸順、服從」。

公元630年時，穆罕默德整軍重回麥加，將之征服。他來到卡巴天房，下令搗毀偶像，掃除過去人們崇拜的各種神祇雕像。

穆罕默德登霄

根據伊斯蘭教傳說，一天夜裡，穆罕默德在耶路撒冷的一座岩石頂端升天（後來在當地興建了磐石圓頂清真寺，是伊斯蘭教聖地之一），騎上天馬卜拉格，去會見阿拉。

阿拉不可用形象表示。伊斯蘭教徒在寫「阿拉」兩字的時候，必須用右手，大拇指和食指圈成圈形，另外三指要伸直。書法在伊斯蘭教藝術中佔有重要地位。

伊斯蘭教聖書——《可蘭經》

伊斯蘭教徒相信，《可蘭經》是真主向世人所啟示的最後一部經典，以表達祂對人類的期望。繼易卜拉欣和爾撒（耶穌）之後，穆罕默德終於悟道完成，為天啟劃下句點。他於二十年間總會固定地從天使加百列那裡片段獲得真主傳來的信息。

穆罕默德逝世後，有人將這些信息用文字記錄下來，加以彙整，按篇幅由長到短編排成冊，即《可蘭經》。可蘭是阿拉伯語「誦讀」之意。《可蘭經》計有一百一十四章，章中又分節，共六千兩百二十六節。

《索那》（指「經外傳統」）為一巨冊，載有穆罕默德的行誼、事蹟和言論——聖訓，以及穆罕默德同僑的見證，還包括對阿拉話語的評注，由法學家和神學家抄錄而成。

此外，根據《可蘭經》和《索那》訂定伊斯蘭教法——「夏里亞」，意為「必遵之道」。

一頁《可蘭經》

《可蘭經》被視為真主話語的複本。最先由真主將之口授穆罕默德；穆罕默德逝世後，他的信徒才將《可蘭經》用文字記載下來。《可蘭經》是用阿拉伯文——先知穆罕默德的語言——所寫的。現在《可蘭經》已有世界各主要語文的譯本，但對伊斯蘭教徒而言，只有阿拉伯文的《可蘭經》才有價值。

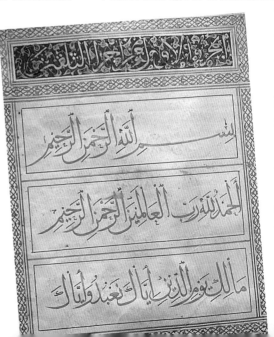

宗教，道德，生活方式

伊斯蘭教法涵蓋社會生活和家庭生活的各個層面，不僅使伊斯蘭教成為一集體式的宗教，同時也成為伊斯蘭教全體的道德標準和生活方式。

對伊斯蘭教法的解釋或嚴或寬，各個伊斯蘭教國家不盡相同。有些國家會根據現勢作調整，而在其他國家，伊斯蘭教法仍舊是法律的主要來源。

伊斯蘭教法對其教徒人生的每個重要階段，都規定了應行的禮儀，並訂定各種罪行應受的刑罰，還詳載飲食的禁忌（禁飲酒、禁食豬肉）。教法尚規範伊斯蘭教徒個人的權利義務，如結婚、離婚和遺產繼承等等方面。伊斯蘭教法容許一夫多妻，但也給予女人一些權利。一個男人最多可以娶四房妻妾，不過他得先有能力供養她們的生活。

《可蘭經》並未要求女性披戴面紗，只建議女性衣著樸素，其用意本是為了維護女性的尊嚴和人格；而在穆罕默德當時實際的遵守方式，就是穿著戴面紗的傳統服飾。並非每個伊斯蘭教國家的女性都戴面紗，例如塞內加爾的女性就不戴面紗。

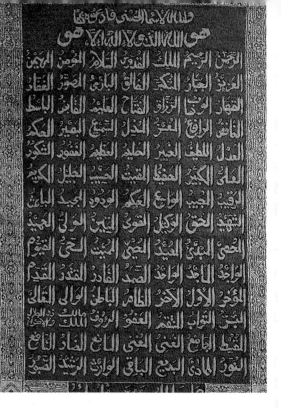

伊斯蘭教的信仰

伊斯蘭教信仰的中心在於朝拜唯一的真主阿拉（阿拉伯語「神」的意思）。伊斯蘭教徒認為，阿拉不僅是伊斯蘭教徒的真主，也是全人類唯一的主。

阿拉創造天地萬物，在祂之外，無一能存在。祂是永恆的，無法靠近的，獨一無二，遠超過人能感知到的。阿拉有九十九個名字，只有祂自己知道第一百個名字。阿拉會和祂接近的每一個人，維持個別的關係。祂對人有賞有罰，隨時掌握人的生命。

《可蘭經》上確信，這位唯一的真主給每個地區派遣一位先知，送達一本聖書，頒

佈一部律法：易卜拉欣和穆薩（摩西）帶來猶太律法「托拉」（即「摩西五經」），爾撒受上主的啟示，因而有了四福音書，穆罕默德則領受了《可蘭經》。《可蘭經》和《聖經》一樣，都宣告末日來臨時，真主將審判人類；在這最後的審判之中，真主會分辨出好人，懲罰壞人，好人可以住進天堂的樂園，壞人則會被打入煉獄。

伊斯蘭教的「主道五功」

伊斯蘭教徒的生活作息，主要根據《可蘭經》的規定來建立。信仰生活中，要修習主通「五功」。

第一道是「唸功」，即「證信」，要信徒宣唸：「我作證：萬物非主，唯有真主；穆罕默德是真主的使者。」這同時也是信徒皈依時的宣言。第二道是「拜功」，每日要行五次的「禮拜」，禮拜前信徒要先行淨身*儀式，然後朝麥加方向誦唸禱文。第三道是「齋功」，齋月期間，從日出到日落，成年人禁戒飲食和房事；到了晚上，信徒開始祈禱，讀《可蘭經》，而後飲食。第四道是「課功」，法律規定信徒必須納稅，以濟貧困。第五道是「朝功」，在體能和經濟條件許可的情況下，每個伊斯蘭教徒一生至少要到麥加朝聖一次。

長久以來，「聖戰」(dji-had) 一直被視為伊斯蘭教信仰的義務。"dji-had" 的本意是「為神的國奮鬥」，但通常都翻譯成「聖戰」，是伊斯蘭教團體的使命，也就是要傳播伊斯蘭教，讓無信仰的人無論是自願或被強迫，都能皈依。不過聖戰並不算伊斯蘭教徒必須修習的「功課」。

**正在禮拜的
伊斯蘭教徒**

伊斯蘭教徒一天要禮拜五次，不管身在何處，都要屈身跪地，以行朝拜。朝拜者躬體宣唸：「榮耀歸於偉大的真主阿拉。」然後俯身跪下，磕頭禮拜。

到麥加朝聖

麥加是伊斯蘭教的第一聖地（另外兩個聖地為麥地那和耶路撒冷），12 月為「朝聖月」，世界各地的伊斯蘭教徒都會於當月蜂擁前來。

對信徒而言，千里迢迢來到穆罕默德領受天啟的聖地，探訪位處聖城中心的會寺，是為了和真主阿拉再結新約。

朝聖信眾皆披掛相同兩片式未加縫紉的布帛，完成朝聖中的所有儀式。信眾們首先繞行卡巴天房七次。卡巴天房是一座方形寺院，外覆大塊黑色呢絨，象徵真主阿拉的家，內封有玄石，上刻有拯救人類的應許。

然後朝聖者來回步行於靠近卡巴天房的兩座山丘之間七次，以紀念易卜拉欣的婢女哈哲爾（夏甲）為兒子伊斯瑪儀（以實瑪利）尋水止渴而焦急奔走的那段路程。

伊斯蘭教徒的朝聖服

伊斯蘭教徒一到麥加，就穿上朝聖服，開始神聖之旅。朝聖服有消弭膚色、文化和社會地位差異的用意。

亞伯拉罕
後裔的宗教

之後朝聖者來到靠近麥加的阿拉法特山巔，穆罕默德曾到此地默想。朝聖者從正午到日落都維持不動，原地祈禱。隔天，朝聖者來到米那城，以石塊擲擊象徵魔鬼的石柱。

接下來尚有其他儀式。有些朝聖者堅持要再繞卡巴天房七次。

朝聖的尾聲是犧牲節，或稱為「偉大的節慶」，全世界的伊斯蘭教徒同時慶祝。為紀念易卜拉欣獻子千鈞一髮之際，出現一隻公羊替代，伊斯蘭教徒會在該日宰殺一隻綿羊。

朝聖者在回國前，會在伊斯蘭教第二聖城麥地那停留，到先知穆罕默德的墓前祈禱。伊斯蘭教經書上說，在聖城唸一遍祈禱文抵得過在其他地方唸一千遍。

卡巴天房

全世界的伊斯蘭教徒每天都朝麥加的方向禮拜，每年有兩百萬人湧入麥加朝聖。不是伊斯蘭教徒就不能進入麥加。世界最龐大的宗教集會，以卡巴天房為中心向外延展。這就是伊斯蘭教徒團結一致的最佳寫照。

伊斯蘭教的節日

伊斯蘭教在一年當中還有其他節日。伊斯蘭教使用太陰曆，稱為「希吉拉曆」，一年有十二個月，大月三十日，小月二十九日。

伊斯蘭教的節日中，最重要的就是「赦罪夜」，信徒會在當夜互相寬恕彼此的過錯。赦罪夜在齋月之前舉行。

齋月期間，有一晚稱為「權能之夜」，紀念穆罕默德領受天啟。

齋月結束時，慶祝「圓齋節」。圓齋節期間，闔家團圓，享用美味豐盛的菜餚和糖果。

清真寺

每逢伊斯蘭教節慶和週五的隆重禮拜時，信徒都會來到清真寺。

各地的清真寺，儘管外觀和裝飾各有千秋，然而其結構大致相同，都是根據穆罕默德最初於麥地那建立的小會寺之原始佈局建造而成。

清真寺通常都有一個前院，院中放有一盛滿水的洗盆，信徒需先在此完成淨身* 儀式，方能進入寺內。進入大殿之前，要先脫鞋。進入以後，信徒面朝寺內牆上一個指示麥加方向的小聖龕 ──「米合拉布」開始默想或祈禱。聖龕旁邊立有講壇 ──「敏拜爾」，是週五時教長演講教義、帶領祈禱的地方。信徒依循詳細嚴明的儀式，以讚美阿拉的方式祈禱。

亞伯拉罕
後裔的宗教

伊斯蘭教的大城皆以位居市中心、主導城市景觀的華麗清真寺為傲。附屬於清真寺的《可蘭經》學校和講道中心，就緊臨清真寺旁。而被視為不潔的屠宰業和皮革業，設店開業必須遠離清真寺。

清真寺中不擺設任何肖像。寺內繁複的裝飾，都是由抄錄自《可蘭經》的字句形成，不得有其他圖像。《可蘭經》文或繪於琺瑯材質上，或寫在有雕飾的方框內，文字筆劃纏繞交錯，饒富阿拉伯裝飾風格。

伊斯蘭教沒有神職人員的組織。所有受過訓練的伊斯蘭教徒，都可以執行宗教事務，為自己的教團服務。「穆安津」是負責提醒信眾日行五次禮拜的人。「教長」（或稱伊瑪目）負責主持清真寺禮拜。「阿訇」是對《可蘭經》非常熟稔的法學家、法官或代書，負責解釋法律、裁判正義或處理紛爭。

什葉派聖城麥什特

什葉派教徒崇拜「伊瑪目」，即穆罕默德的後裔，尤其是阿里和其子胡笙，特別受到崇敬。伊拉克的那哲夫和卡巴拉、伊朗的麥什特，皆葬有許多什葉派信徒，是信徒們眼中的聖城。什葉派信徒在信仰上以「默拉」為領袖，而「默拉」又由道行更高的「阿亞多拉」帶領。

目前伊斯蘭教在世界各地共有十億以上的信眾。教徒最多的國家分佈在亞洲，如印尼、巴基斯坦、孟加拉和印度。伊斯蘭教徒中只有百分之二十的人是阿拉伯民族。伊斯蘭教徒絕大多數都分佈在以伊斯蘭教徒為主要人口的國家。由於有許多外教徒改信，再加上教內人口的高出生率，使伊斯蘭教成為目前發展最快速的宗教。

伊斯蘭教及其流派

每一位伊斯蘭教徒都遵守同樣的教規，以「五功」為最重要，並以《可蘭經》為共同依歸。儘管如此，伊斯蘭教還是分成兩大派別。公元 632 年穆罕默德逝世後，伊斯蘭教內因主張歧異而分裂，並產生各種思想流派，而什葉派和素尼派是其中最重要的兩派。

什葉派

其中支持穆罕默德女婿阿里的，稱為「阿里派」；什葉派在阿拉伯文中為「阿里派」之意。什葉派人士主張伊斯蘭教應由穆罕默德的家族成員及其後裔來領導，於是他們和其他伊

斯蘭教派劃清界限，堅持由穆罕默德的後代擔任教長。伊斯蘭教的教長是教徒的信仰嚮導，他們受過宗教啟迪，所以擁有詮釋真主啟示的優先權。什葉派教徒也相信，末日之時，會有一位「隱藏」的教長現身。

後來什葉派逐漸分出許多支派，最激進的是伊斯瑪儀派。什葉派人數較少，目前佔伊斯蘭教人口的百分之十二，主要分佈於伊朗、伊拉克、黎巴嫩和敘利亞。

素尼派

公元 7 世紀時，亦即穆罕默德逝世後，在伍麥葉王朝及之後的阿拔斯王朝時，大部分的伊斯蘭教徒都持中立態度，歸順於四位最早由伊斯蘭教團體所選出的穆罕默德繼承人「哈里發」。這些伊斯蘭教徒就是素尼派的始祖：他們不僅恪遵《可蘭經》的規定，也謹守伊斯蘭教的經外傳統《索那》，其中包括穆罕默德的聖訓，以及伊斯蘭教團體最早發展出來的教理和儀式。素尼派以保守基本教義為原則，主張溫和的伊斯蘭教，走「中間路線」。目前素尼派佔伊斯蘭教人口的百分之八十五。

旋舞苦修僧

有些伊斯蘭教徒會加入修行團體，比如像 13 世紀在土耳其創立的「旋舞苦修團」，全心全意靈修，複誦祈禱文，修習聖舞等等，以求更深入自己的信仰。旋舞苦修團屬於蘇菲教派，為一神祕主義教派，雖然教義深奧，但廣受信仰。

亞伯拉罕
後裔的宗教

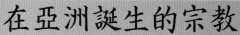

印度教在印度

嗡姆

每回祈禱時，印度教徒都會緩緩發出或唱出神聖的「嗡姆」聲。如此一來，信徒即與天地最初的顫動共鳴，並和造物者的能量合而為一。

印度教的起源

印度教是世界上最古老的宗教之一。印度教於三千年前發源，一直與印度歷史和民間風俗密不可分，是印度的主要宗教。

　　大約在公元前 2000 年，亞利安人自北方南下侵略印度，定居印度河谷。亞利安人的信仰就此逐漸傳播到所征服的地區，於是誕生了吠陀教。「吠陀教」教名由《吠陀經》而來。《吠陀經》自公元前 1800 年開始經人撰寫成書。

印度教的聖書

印度教一直到公元前 3 世紀左右，才發展出現有的形式。印度教沒有創教人、不具備有組織的神職人員，亦無訂定教規，所憑藉的是一系列的宗教著述，印度教將之視為聖書，並佐以豐富的文學作品。

一位吠陀經師

「吠陀」意為「知」，《吠陀經》是一套龐大豐富的經文，原是用來背誦、吟唱、輕聲細唸或在心中默唸的，並沒有以文字記錄下來。習經的學生先聆聽經師背誦，再跟著複誦，以師徒相承的方式傳習《吠陀經》。

絕大部分的印度教聖書，在尚未被謄錄和抄寫下來之前，都是以口相傳。

印度教的聖書以梵文撰寫，內容描述世界的起源和眾神的故事，還規範信徒的社會生活。經文內容包括讚歌、祈禱詩歌，或是容易記誦的格言、箴言和故事等等。

其中《吠陀經》由四部子集組成。最早的一部是《黎俱吠陀》，收錄千餘首讚歌*，都在頌揚司掌大自然的眾神，祂們是宇宙的創造者，庇佑天地萬物。

此外，《梵書》和《奧義書》皆是《吠陀經》的評論集和注釋集。而《僧侶經》則是由印度教僧侶在公元前 1000 年至公元初年間所寫，不僅是一部思考人生意義的經文集，同時也列出信徒為維持社會階級秩序所應盡的義務及應守的規則。《僧侶經》中最出名的就是〈摩奴法典〉。

馬車上的克里希那神

印度教經典中的長篇詩文如二十萬行的《摩訶波羅多》和《羅摩衍那》，以史詩的形式，述說萬物的起源和季節朝代的遞嬗，並夾雜道德訓誡和戰爭故事，人物有將軍、王侯、英雄和諸神。〈薄伽梵歌〉插錄於《摩訶波羅多》中，是克里希那神傳授道理給戰士阿周納時的對話錄。

51

在亞洲
誕生的宗教

哈達瑜伽姿勢

苦修是印度教教徒信仰生活的最高形式，藉由練習各種瑜伽姿勢，鍛鍊身心。

輪迴

印度教認為一個人的靈魂會不斷地投胎轉世*。人在出生之前已經歷過數個前世。人死了之後，靈魂並不會死，而是根據前世行為所造成的無形「業」力，來決定下一世投什麼胎。

人如果行惡，業力會加重，靈魂就會投胎成為低下階層的賤民，甚至是禽獸或草木。行善則會減輕業力，靈魂得以投較好的胎，逐漸獲至解脫，不用再受輪迴之苦。

印度教認為有好幾種方法都能使人得到解脫，例如冥想、祈禱、日常禮拜和苦行*。藉由種種修行，靈魂就能自虛幻一場的塵世中解脫。

印度教的大地女神，或稱「地母」，因為代表萬物旺盛的生機，在農村最受尊崇。

信仰多神

印度教徒所信奉的神祇眾多，可說有成千上萬。印度教徒認為這些神祇代表一位至高存在者的各種面貌。這位至高的存在者可說是絕對的神，無遠弗屆，永恆不朽，不具人格，萬事萬物由祂而生。

印度教中有三位主神，地位特別重要，分別是梵天、毗濕奴和濕婆神。

這三位神祇之中，梵天被視為創造和保護宇宙之神，卻最不受重視，幾乎不受崇敬。

毗濕奴是行善和護持之神，隨時下凡解救世間的危難。祂為了維護世間和諧，經常化身為人或禽獸的形象降臨大地，以化解災禍，例如羅摩和克里希那神，就是毗濕奴的化身。

濕婆神是毀滅與解放之神。當惡勢力得勝時，濕婆神就會現身，將世界毀滅，再重新創造天地萬物。

印度教會用動物來象徵神祇。天鵝象徵梵天，大鵬鳥象徵毗濕奴，白牛則象徵濕婆神。

濕婆神

濕婆神是毀滅之神，也是蛻變之神，通常以在一圈火焰中舞蹈的形象來表現，四隻手中有一隻握著手鼓，搖動之下，宇宙就應運而生。梵天的像則有四頭四臂，象徵四部《吠陀經》。

印度教徒的日常生活

印度教徒的信仰功課依所屬「種姓」而有不同。儘管主宰數千年來印度社會組織的種姓制度已於 1974 年正式廢除，然而其影響早就深入印度人的思想之中。

印度人一出生就被歸入四大種姓的制度內。種姓制度的最高階級是婆羅門，以僧侶為主，地位崇高。接下來是剎帝利，多為統治階級。吠舍與剎帝利之間差距較大，由農人、工匠和商人組成。最後一個階級是首陀羅，屬於奴隸階級。

在四大種姓階級之外，尚有一個階級，稱為「不可觸摸的賤民」。賤民所從事的行業，被認為不潔，因為他們必須接近死人、血和污物。然而他們的職業係屬世襲，因此幾乎永遠無法改變身分以進入四大種姓之內，這些人如製皮工、鞋匠和掘墓人等等。

教徒一生的重要典禮

印度教在孩童八到十二歲時，會為其舉行入教禮，入教以後，即代表獲得「重生」。四大階級中，只有前三個階級可以參加入教禮。為紀念入教重生，主持禮儀的神師會發給入教者一條由三股線結成的「聖繩」，聖繩依照入教者階級不同，而有棉、麻及羊毛等不同材質。

印度教在幼兒新生到入教禮期間，尚會舉行其他的宗教儀式。嬰兒四個月大時，要行敬拜朝陽禮；三歲，要行剃髮禮；四歲時要行穿耳禮。

一位婆羅門

根據印度教《吠陀經》的記載，從前有一個叫「普魯沙」的巨人，將自己的身體支解，作為犧牲。由他被支解的軀體，誕生出組成印度社會的四大種姓，以婆羅門為領導階級。

在亞洲
誕生的宗教

印度教的婚禮

印度教的婚禮講求豪華氣派，即使收入微薄的家庭，也會毫不考慮的投下大筆花費。男女婚配通常經過安排。印度人根據年輕男女雙方所屬的階級、生辰星相和親族關係來作婚配。

　　印度教的婚禮一連舉行數日，須行的禮數繁多，最後一道儀式是三個月後的孕育禮，目的在於求得男胎。新婚丈夫身為一家之主，肩負著傳宗接代的責任。

　　印度教的喪禮採用火葬＊，將亡者的遺體置於柴堆上火化。

在亞洲
誕生的宗教

卡伊拉薩寺
（建於公元 9 世紀）

印度教寺廟的建築，宏偉壯觀，其結構同時象徵宇宙和人。高聳的塔身或寺身代表宇宙的中心，也代表主宰人類智慧的頭腦。寺廟所朝的方位，正好可以迎接日出。寺中偌大的廳堂，教人聯想起人體的四肢。寺廟是一位神祇的住所，裡面通常供有該神的雕像。

印度教寺廟中舉行的宗教慶典，常有音樂伴奏的舞蹈表演。對印度教徒而言，舞蹈是一種儀式，也是用來取悅神明最優美的方式。佩戴珠寶、穿著炫目的女舞者，表演出來的每一個動作和姿勢，都仔細遵照兩千年前所寫下舞譜內的規定。印度教的舞蹈動作有如語言文字一般，可以傳達七情六慾，還可以描述諸神的故事。

從日出到日落

印度教的日常禮儀大都在信徒家中舉行。印度教給信徒很大的自由，所以宗教禮儀常因不同鄉鎮或地區而有不同。

多數信奉印度教的家庭，都會在家中的小廟前向神明躬行禮拜。家中小廟或位於隱蔽角落，或特設房間安置，內供有神明的小雕像或畫像。一天禮拜兩次，分別在日出和日落之時。信徒於儀式中誦唸禱詞和咒語，藉以榮耀諸神和家中的守護神。

在信徒口唸禱詞的同時，還會向神明獻水、獻燈、獻火、獻香、獻花或獻食，最後再將供品分給參加儀式的人。

信徒也會到專門供奉某一神祇的廟裡參拜。信徒在廟中一邊傾聽僧侶誦經，一邊默禱，並獻上供品。

在亞洲
誕生的宗教

節日與重大慶典

印度教一年中的節日和慶典多不可數。各節慶依地區、印度國內各小邦而有差異，各節日所要膜拜的神祇不同，慶典也有差別。

印度教的節慶兼具季節性和宗教性，選在天體運行的重要時刻，並和印度教主要神祇的神話和傳說息息相關。

有些節日在慶祝前必須先守數天的齋期。節日來臨時，會以遊行的方式慶祝。遊行陣列中，有帶著神像繞境的彩車隊伍，也有神劇的表演，還會施放煙火，並舉行集體沐浴淨身儀式等等。許許多多熱鬧有趣的歌舞餘興節目，吸引大批人潮。

在印度教的眾多節日中，有幾個特別有名。11、12月間慶祝光明節；2、3月間慶祝春節，歡迎春到人間，並會敬拜克里希那神。

孟加拉的印度教徒在秋季時會敬拜杜爾迦女神，舉行將神像浸入海中的特殊儀式。印度孟買的信徒則以同一方式敬拜象頭神。

印度普里的遊行彩車隊伍

每當年度重大節日，諸神就要被請出寺廟，信徒會塑造裝飾繁複的巨大神像，將之安置在沉重的木造彩車上，由數百人合力抬行出遊。信眾或跟隨遊行隊伍，或等待隊伍經過，以奉上供品。重要節慶時多會舉行淨身沐浴。信徒的身體浸入水中，神就能洗去他的罪愆。

在亞洲誕生的宗教

耆那教的教義，在於
過苦行*的生活，並禁
止一切暴力，對曾為印
度獨立奮鬥，反抗社會
階級劃分的政治家甘地
(1869–1948)，有很大的
影響。

聖地和朝聖

印度教將一年中的某些特定時間訂為朝聖
期；遍佈境內的各個聖地，自四面八方聚集
了大量人潮。供奉特定神祇的寺廟，可稱之
為聖地；然而大自然中的山巖、洞穴、溪流
或大河，更常成為信眾參拜的聖地。

　　印度的恆河就是最著名的聖地。印度教
徒朝拜恆河，並尊之為「吾母恆河」。沿著恆
河兩岸分佈的聖城，宛如散落的一串唸珠，
有哈德瓦、普拉耶格等城，尤其是貝那勒斯
城（今稱瓦拉納西城）特別重要。該城為濕
婆神的聖城。

　　三年一度的「昆巴美拉」大朝聖，輪流
在恆河主流或支流沿岸的城市如納希克、梧
兼、哈德瓦和阿拉哈巴等地舉行。成千上萬
的朝聖者前來歡慶諸神得勝，自惡魔手中智
取盛有長生不老液的仙瓶。

耆那教、祆教和錫克教

　　印度教深植印度本土，絕大多數的印度
人都信奉印度教。印度另有一些較小的宗教
與印度教同時存在，如耆那教、祆教和錫克
教。

在亞洲
誕生的宗教

耆那教是婆羅門教改革後的宗教，公元前 6 世紀時，在印度由被稱為「大勇」和「征服者」的筏馱摩那王子創立。該教的基本精神為禁絕暴力、徹底尊重所有生命。儘管耆那教教徒人數不多（三百萬人），但他們在印度經濟和宗教上卻佔有舉足輕重的地位。

瑣羅亞斯德教又名祆教，傳承古代波斯人的信仰，又稱拜火教，由波斯人瑣羅亞斯德於公元前 6 到 7 世紀之間所創。善惡分明是瑣羅亞斯德教的基本教義，教內信奉的主神是阿胡拉·瑪茲達 (Ahura Mazda)。信徒分佈在印度和伊朗，仍有十萬人之多。火是該教的象徵，儀式皆繞火進行。

錫克教（一千八百萬人，集中於印度北部）的信仰融合了婆羅門教和伊斯蘭教的教義，在 15 世紀末，由印度教神祕主義文人——錫克教祖師那納克所創。

阿木里查塔的黃金寺

該寺建於 16 世紀末，是錫克教的聖地。寺院四周由遼闊的水面環繞。1984 年，印度軍方和錫克教激進派發生嚴重武裝衝突，該寺受到波及，部分建築因而毀損。後來，曾於 1966 到 1977 年間擔任印度首相的印地拉·甘地，即遭錫克教徒暗殺。

目前全世界的印度教人口計有七億人，在印度的印度教教徒就佔了印度總人口的百分之八十，亦即六億八千五百萬人！其他的印度教信徒主要分佈於孟加拉、尼泊爾和印尼。

東南亞的佛教

佛教與其說是一種宗教，毋寧說是一種學說。佛教於公元前 6 世紀脫離印度教，自立宗派。佛教的創始人是佛陀，他為普渡眾生開闢了新徑。

太子自願托缽行乞

悉達多‧瞿曇太子生於印度東北部的一個小王國，當時約公元前 560 年左右。悉達多在宮裡長大，接受教育，當時只有王族才能受教育。他原本過著無憂無慮的生活，一直到二十九歲的某一天，他毅然離宮出走，展開尋求真理的旅程。一路上，悉達多先後遇到一位羸弱的老人、一個受病折磨的人，看到一具要被送去火葬的遺體，又碰到一個乞丐。他頓時瞭解到人生的痛苦，決定放下一切，思索生命的意義。

悉達多聆聽智者和婆羅門的教導，加上自己潛修苦行*，都無法真正找到答案。為了由己身尋求解脫之道，他開始深入冥想。

佛陀傳奇的一生

佛陀涅槃以後，衍生出許多傳說，都在描述佛陀在世時發生的軼事，神化了佛陀的生平。幾百年後，集成《本生經》，是佛教藝術創作的靈感來源。

在亞洲誕生的宗教

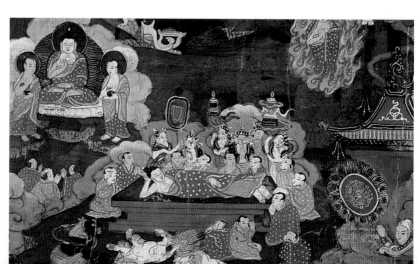

一天晚上，在菩提樹下打坐的悉達多，頓時「開悟」。他終於尋得解脫之道，修成「佛陀」。佛陀就是「覺悟者」的意思。

佛陀在貝那勒斯宣佈創教主張，積極傳授佛法，並組織了僧伽團體。佛陀八十歲時入滅，終於獲至解脫，永不受輪迴*之苦。

佛陀的開示

新起的佛教，強調「四諦」，佛陀在貝那勒斯初次說法時就有提到，分別是：苦諦（人生是痛苦）、集諦（痛苦的來源）、滅諦（痛苦的解除）、道諦（解除痛苦之道）。

佛陀相信世間一切事物都是痛苦的根源，沒有人能倖免。他認為眾生因為有七情六慾，所以才會不斷地投胎受苦，只要活著，就一定有痛苦。若要減輕痛苦，必須除掉痛苦的因，也就是要消滅慾望，自慾望中解脫。若要自慾望中解脫，就要修「八正道」。八正道是佛家的智慧，可讓人達到「涅槃」，即一種最平靜喜樂的境界。

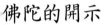

法輪

法輪象徵生命之輪，由佛陀轉動，永不止息。法輪發出的八道光芒，代表八正道：正見、正思惟、正語、正業、正命、正精進、正念、正定。八正道又分成三學：戒學、定學、慧學。若條條遵行，必能修心轉性，超脫輪迴*。

佛僧入定

佛陀創立了第一個佛教僧團，稱為「僧伽」，現在則用來稱呼全體出家在家的佛教徒。佛陀涅槃以後，僧侶為效法師尊四十年間的渡世生涯，遂奔走印度各地，宣揚佛法。僧侶們一日僅吃一餐，且以行乞獲得食物，睡臥樹下或洞穴之中。

佛教經典

佛陀本人未留下任何著作。佛陀在世時，他的法語尚未有文字記載。之後的幾百年，佛陀的教誨大多以口相傳，因此佛教的教義也不斷有所演變。雖說如此，佛陀涅槃之後數年間，原先與他親近的弟子*（包括其中最親近的阿難陀），亦曾舉行數次會誦，結集佛語，編成經書。到了公元前 1 世紀，終於完成一套以巴利文* 撰寫的經文集叢，名為《三藏》，即《經藏》、《律藏》、《論藏》三大佛教經典。

佛教初傳印度

佛教流傳迅速，因為教義都用簡單易懂的字詞來解釋，給眾生一條簡單的道路，不論階級種姓，人人皆可修行。佛教並脫離了印度教；當時由婆羅門主持的印度教，已徒具形式。佛教既無立教規，也不認為有神，與其說是宗教，不如說是一種求知求覺的方法，每個人都可以選擇自己的途徑。

佛教外傳

阿育王是一位對佛教流傳極具影響力的人物。公元前 3 世紀時，阿育王皈依佛教，使佛教傳遍印度各地，並派遣傳教士前往鄰國傳教。

在亞洲誕生的宗教

佛教隨著商旅車隊行走的路線，流傳到亞洲的邊界；往來的商賈之中，有許多人都皈依了佛教。佛教先從印度傳到斯里蘭卡和緬甸，然後在公元 1 世紀時，經由絲路抵達中國。之後傳遍韓國、日本和西藏。但後來由於印度教復興，伊斯蘭教廣傳，抑制了佛教的傳播。在發源地印度，佛教日漸衰退；到公元 10 世紀時，幾乎消聲匿跡。

幾世紀以來，佛教僅流行於亞洲。最早研究佛教的西方人是基督宗教的傳教士。時至今日，佛教對西方世界的吸引力越來越大，信奉佛教的人數逐漸增加。

佛教三大流派

佛教傳入亞洲各國，在不同的傳統和文化背景下，產生眾多流派。公元 3 世紀開始，佛教出現三大支派，或稱「三乘」。

亞莉珊卓拉・大衛 – 奈勒 (Alexandra David–Néel)

德國哲學家叔本華 (Arthur Schopenhauer, 1788–1860) 是最早向西方世界引介佛教思想的人士之一。此派人士認為人生的痛苦不是偶然，卻是必然。亞莉珊卓拉・大衛 – 奈勒 (1868–1969) 繼其之後，她不屈不撓，冒險犯難，喬裝成朝聖者，是第一位深入西藏的西方女性。她著書寫作向法國人和歐洲人介紹佛教，並在書中描述自己在亞洲的數次旅行。這是她和義子永登 (Yongden) 的合照。永登是個西藏的年輕人，每次亞莉珊卓拉旅行時，他都會隨侍在側。

在亞洲誕生的宗教

佛教僧侶嚴守戒律。在家修行者則重個人德行的培養，修習四無量心：慈、悲、喜、捨。並守五戒：不殺生、不偷盜、不邪淫、不妄語、不飲酒或嗜藥以亂性。

希那衍──小乘佛教

小乘佛教的信徒恪遵佛陀最初的教誨，以傳統自居。對小乘佛教徒而言，唯有謹守佛陀的指示，時時靜思冥想，方能得到解脫。小乘佛教的出家僧侶眾多，集結成僧團，由在家信徒供養。

小乘佛教的信徒主要分佈在泰國、緬甸、斯里蘭卡、高棉和寮國。

禮佛

佛教徒對佛陀的雕像和畫像，會行特別的敬拜儀式。在佛教地區，不論在戶外或佛寺內，都常見佛像林立。佛教徒攜帶食物、鮮花或馨香等供品，前來參拜佛像。信徒或向佛祈求，或在佛像旁打坐冥想。有慶典儀式時，信徒會為佛像披上織錦。

在亞洲
誕生的宗教

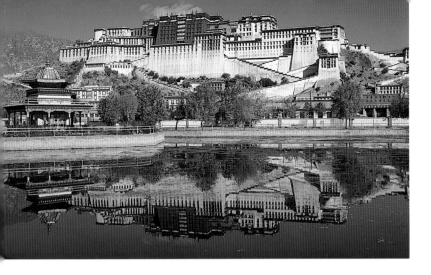

摩訶衍──大乘佛教

大乘佛教的信徒摒棄小乘佛教過於嚴峻的生活戒律，秉持佛陀的信仰傳承，以對佛陀的虔誠信奉，給眾生開一條道路。因此，大乘佛教的信徒會禮拜佛陀，將之視如神明，也會禮拜菩薩。菩薩為數眾多，祂們自身已得「感悟」，卻延緩進入涅槃境界，因其大慈大悲之心，發願先助眾生脫離苦海。佛寺裡，菩薩像環繞佛陀塑像，與之相伴。大乘佛教主要分佈在中國、日本、越南和韓國。

金剛乘

金剛乘是佛教的第三個支派，又稱為「密乘」，原自大乘佛教。密乘教法的特色在於誦念咒語，修習身結手印，以求超凡入聖之境界。密乘信徒多分佈於西藏、不丹和蒙古。

位於拉薩的布達拉宮

佛教於公元 8 世紀傳入西藏，融合當地的傳統信仰，又採用佛教各個不同流派的禮儀。目前，藏傳佛教有四大派別。一般信眾受師父「喇嘛」的帶領。藏傳佛教的領袖，第十四世達賴喇嘛，被認為是觀世音菩薩的化身，自 1959 年中共入侵西藏後，早已不住在拉薩的布達拉宮。

在亞洲
誕生的宗教

「佛牙」遊行隊伍

每年在斯里蘭卡的康提，都會舉行為期七天的朝拜佛牙慶祝活動。神聖的佛牙由裝飾富麗的大象背負，和隊伍一起遊行。

佛教慶典

佛陀本人主張佛教不應有儀式或節日，既不須崇拜宗師，也不用敬拜神祇。然而自佛陀逝世以後，信徒為了紀念佛陀，卻發展出一系列的佛教禮儀和節慶。

　　佛教節慶本來就很繁多，再加上派別不同、信奉的民族互異，其變化實在難以估計。佛教的節日經常和當地的傳統節日同時，有時亦源自傳統節日。

　　幾個紀念佛陀生平大事的節日，全體佛教徒都會慶祝。其中最重要的就是訂於陽曆5月滿月當天的浴佛節，或稱佛誕，紀念佛陀的誕生、成道和涅槃；屆時家家戶戶、大小佛寺都會張燈結綵，插旗獻花，以示慶祝。

佛教聖地

佛教的聖地多數是佛陀一生重要事蹟的發生地點，比如佛陀的出生地伽毘羅衛城，佛陀成道的菩提迦耶城，佛陀初轉法輪處——貝那勒斯——的鹿野苑，以及佛陀涅槃處居尸城。朝聖期間，人潮就自各地湧入。

亞洲許多國家都建有佛塔，用來存放佛舍利或菩薩的遺物，總有許多信徒前來膜拜。佛塔是佛教特有的建築，其樣式象徵宇宙及佛法的基礎「三皈依」。佛塔基部代表佛教僧團，即所謂「僧」；中間正方體的部分，代表「法」；佛塔頂端代表「佛」。

信徒對佛像有特別的崇拜。有些佛像直接在岩壁中雕刻而成，體積通常極為龐大，如斯里蘭卡的波隆那魯瓦(Polonnaruwa)石窟、中國大陸的龍門石窟，以及阿富汗的巴米揚石窟。

佛教徒主要分佈於東南亞，很難估計確切的人數，因為佛教徒常同時信仰其他宗教。佛教徒最多的國家是中國、日本、泰國和緬甸，估計共有三至四億人，其中百分之三十五屬小乘佛教，百分之六十屬大乘佛教。

緬甸的雪達根寶塔

緬甸首都仰光的雪達根寶塔，是一座宏偉的佛塔，高一百一十公尺，塔頂鑲嵌著成千上萬的寶石，又貼覆著數噸重的金箔，吸引一批批佛教徒自東南亞各地前來參拜。

中國的道家和儒家思想

陰和陽

太極圖象徵啟動世界的兩股力量：暗色的部分代表陰，亮色的部分代表陽。陰陽兩力，生生不息，相斥又相吸，彷彿晝夜輪替，生死相間，所以主張道家思想的人總認為否極泰來，「塞翁失馬，焉知非福」。

中國人的信仰由儒、道、佛三種思想融合而成；三者並行，交相融合，形成各家相通的現象。

道家嚮往和諧

道家思想以老子的著述為本。老子是中國的思想家，約生於公元前 6 世紀，生平不詳。道教的教義以「陰」和「陽」為基礎，陰陽是兩股相異而互補的力量，彼此交錯，生生不息，萬事萬物、心思意念都由此而生。陰陽交錯互動，才能使天地調和。

「陰」代表一切女性、被動、陰柔的特質，「陽」代表一切男性、主動、剛強、光熱的特質。

道家精神重陰陽調和，天人合一。為達此一境界，道家勸人求「道」，即「道法自然」，以得長生不老。

老子

道教以《道德經》為本，據稱《道德經》為智者老子所著。圖中的老子，因為眼看中原景況日益墮落，心生厭倦，於是騎上牛背，離開家鄉，又多活了兩百多年。

華山

道家的思想主張順應自然，崇敬自然，以求自在安詳、至善至美。在中國，有五座道教聖山，特別受到朝拜。信徒前來聖山朝聖，進入聳立山中的古老道觀中祈福。

　　道家思想在公元前 2 世紀時演變成道教。道教將老子奉為神明，並揉合中國民間自古以來的神話和迷信，認為自然界的現象都具有神奇的力量，因此不論風、土、水流或山中都住有許多神仙，分別掌管游移天地間的各種力量，使之互相調和。

　　道教原本就供奉諸多神明*，而幾百年來，中國歷代皇帝或顯要文人等等歷史人物，也陸續成為道教崇拜的對象；不過道教對「八仙」仍然特別重視。在道教膜拜的眾多神祇之中，「八仙」心腸慈善，喜福滿懷，總在冥冥中庇佑百姓。

　　現在的道教，其宗教儀式由道士帶領信徒參與，並會在節日或朝聖進香時期祭拜神明。道教有冥想、齋戒和調息等修鍊身心的功夫，不論是自身修習或與眾人同修，皆為促進天人合一的境界。

道教信徒為求體健長壽，遂修習「養生之道」。養生之道不僅修心，更重修身，必須持守齋戒，不食穀類、肉類、香辛料和酒，並鍛鍊呼吸吐納等等。

以人為本的儒家思想

公元前 6 世紀，中國有另一位與老子同時的思想家，探索人生智慧，從而促進天下大同，這位思想家就是孔子。18 世紀翻譯儒家思想著述的天主教傳教士則稱之為「孔夫子」。儒家著述包括《五經》和《論語》。《論語》是孔子和弟子* 間的對話。這些著作都是儒家思想的基礎。

孔子認為人並非一生下來就懂得一切的道理，而必須靠後天的學習。天下的事，沒有一蹴可幾的。人要謹守志節，方能得「仁」；孔子重視公平，是為「義」，行止要正當得宜，如此人得以成為「君子」。君子嚴以律己，寬以待人。人與人之間彼此幫助，互相尊重，以奠定社會的團結和諧，這些都是孔子極其注重的道德價值。

儒家思想遂成為中國社會的道德準繩，普及天下。

在家庭方面，儒家思想著重孝道，子女對父親完全順從，是孝道的表現。為尊敬列祖先輩，而有「祭祖」的儀式，這是中國自古以來就有的習俗。在祖先的冥誕或忌日時，由家長在供奉祖先牌位的祭桌上擺獻供品，上香祭拜。

孔子

傳說孔子生卒年約在公元前 551 年到 479 年間，當時封建諸國發動戰爭，是個極度動亂的時代。在這種背景之下，孔子身為智者文人，開始思考治理國家的方法；他認為君子要先修身，才能齊家治國平天下。孔子未曾創立宗教，但他逝世以後，卻成為信徒祭拜的對象，被封為「至聖先師」。

在亞洲誕生的宗教

在社會方面，中國千百年來階級分明，老百姓對國君絕對順從，此乃受儒家思想的影響，是維繫社會和諧的保障。

儒家思想幾千年來深刻融入中國，因此社會能團結，君王制度屹立不搖，直到 20 世紀初孫文革命成功，才推翻了封建制度。即使到了現在，儒家思想依然對中國社會具有影響力；多數中國人至今仍舊注重家庭，就是最好的證明。

道家、儒家和佛家對中國人而言並不相悖，反而相輔相成。三者在發展中互相影響，並與古老的民間信仰相融。

韓國漢城的
祭孔大典

儒家思想根植中國，同時也傳到日本和韓國。為紀念孔子及其弟子*，人們會定期舉行大型祭典。祭典時，信徒會獻上綢緞和食物等祭品。

在亞洲
誕生的宗教

日本的神道教和佛教

傳說天照大神為了報復弟弟,於是躲入洞穴之中,使大地失去陽光的照拂。其他神祇獲悉,紛紛前來,用鏡子把天照大神引誘出洞。日本歷代天皇都認為天照大神是他們的祖先,在日本廣受崇敬,伊勢神宮就是一座專門供奉天照大神的寺廟。

公元6世紀開始,佛教傳到日本,並融入日本傳統宗教神道教。現在日本有許多佛教徒同時也是神道教信徒,他們奉行的是融合佛教和神道教的宗教儀式。

神道教——通往諸神之道

神道教有史以來就已存在,其特色為祭祀祖先和自然崇拜。神道教崇拜許多神祇,信徒認為諸神擁有超凡的力量,對之又敬又畏。

高尾山瀑布

神道教認為優美的自然景點都有神靈居住,所以一些山岳、火山(如富士山)和瀑布都被視為聖地,信徒會前往朝聖。不論是去聖地朝聖或到神社參拜,在祈求神祇之前,都要先行淨身儀式。人一定要在潔淨以後,才能進入神靈的世界。

在亞洲誕生的宗教

神道教認為，日常生活的大小事件和自然界的一草一木之中，都有神靈的存在。不論是動物、植物、海洋、山岳或祖先亡靈，都被視為神祇。

神道教沒有教規，也沒有經書，只有一些自古流傳的神話故事，直到公元 8 世紀時才用文字記錄下來，說的是男神伊邪那岐和女神伊邪那美的故事。傳說日本列島和天照大神都是這兩位神祇所創造出來的。

原本神道教的儀式一直非常簡單；但經過幾世紀的變遷後，變得繁複起來。日本的神社，都根據同一結構建造；在神社中舉行的儀式，一絲不苟，規矩分明；主持儀式的祭司，屬於社會中的特殊階級。

神道教的宗教儀式

神社是神祇的住所。日本各地都有神社，數量相當多。

信徒到神社祈求神祇的庇佑和幫助。在神社中，有時會以具體的物件，如刀、劍，來象徵受崇拜的神祇。信徒將願望寫或畫在小木片上，做為祭品，以祈求神助，其願望如：早日康復、消災解厄、事業成功、考試順利等等。

一年當中，每逢重大節慶祭典，信徒都會到神廟參拜，無論城市鄉村，皆會舉行戶外的遊行慶祝活動，到處洋溢著歡欣的氣氛。信徒家中設有家庭守護神的神位，在節日時會向家的守護神祈求庇佑。

神社前的牌坊

神社前的牌坊（日文作「鳥居」），由巨大的木柱搭造而成，牌坊以後就是神聖的境域（日文作「境內」）。每逢佳節慶典，神社中的神祇就由遊行隊伍扛出牌坊外，繞巡所轄城鎮。

在亞洲
誕生的宗教

京都的東寺五重塔

在日本，佛教與神道教並存不悖，彼此息息相關。原本是神道教所祭祀的神靈，轉而成為佛陀或菩薩，供奉在佛塔或佛寺內；佛教寺院有時就緊臨神社。遇有節日慶典時，常見佛教僧侶到當地神社參拜。

日本的佛教

從公元 6 世紀以後幾年之間，來自朝鮮的佛教立刻在日本上層社會中流傳開來。

文人和天皇開始皈依佛教。不過天皇仍舊遵行神道教的禮儀，以安撫虔誠信仰神道教的廣大日本臣民。公元 10 世紀開始，原來只在菁英分子間流傳的佛教，分裂成眾多不同流派*，反而讓佛教得以傳遍日本各地。

其中有一派稱為「阿彌陀派」，即所謂「淨土宗」，在民間廣為發揚流傳。該派佛教首重禮拜阿彌陀佛，也就是無量光佛。只要禮拜阿彌陀佛，並不斷持唸「南無阿彌陀佛」（意謂「光榮我佛阿彌陀」）來榮顯佛號，就可以在身後得到解脫。這一派佛教企圖將佛教簡化，使眾人皆可修佛。

公元 10 世紀末，日本有兩位大乘派的僧侶，積極鼓勵信眾禮拜阿彌陀佛，因此在當時立了許多佛像，比如鎌倉大佛。這一派的佛教廣為流傳，主要教導人們相信阿彌陀佛所居住的淨土，就是往生之後的極樂世界。

在亞洲誕生的宗教

禪宗

禪宗源自中國，12 世紀起在道生法師的積極推動下傳遍日本。「禪」是漢字，意謂「冥想」或「凝神」。

禪宗重師徒相傳。禪宗認為修鍊身心能達致性靈的平靜。

儘管平民百姓極少信仰禪宗，然而禪宗側重心神集中又講求紀律的修鍊方法，特別令日本武士心儀。讓人敬畏的武士，在練習武術時施行禪宗的修行方法，並將武士道的精神貫徹其中。

「禪」的精神經過幾世紀以來許許多多寺院中武士和僧侶的傳遞，時至今日，仍不斷地深入影響日本社會。

日本武術「武士道」是舊時武士階級流傳下來的文化遺產，現在成為大眾運動，西方人為之風迷。武士道包括劍道、柔道、空手道和合氣道。修習武士道，可以集中精神、增強意志力，並能開展智慧。

禪宗庭園

禪宗庭園呈現的是自然的縮影。園中的沙礫經過仔細耙平，代表流水；岩石代表山。這裡是凝神入定的好地方。禪宗信眾於入定時嚴守規律，一連打坐數個小時，文風不動，進而使心靈平靜、讓精神放鬆，並從中體悟「空」的道理。

黑色非洲的信仰

非洲種族繁多，宗教信仰都承襲遠古的傳統。儘管黑色非洲的宗教五花八門，卻有一些共同特徵。

黑色非洲的宗教沒有經典流傳下來，卻保有宗教傳統，包括神話故事和宗教儀式，世世代代皆以口耳相傳。

黑色非洲的傳統宗教認為宇宙是一個整體，萬事萬物皆能相通。物質界、動物界、植物界和人的世界裡都住有神靈，這些神靈擁有魂魄，由一股生氣合為一體。因此，一般稱非洲傳統宗教為「泛靈信仰」。非洲傳統宗教特重維護宇宙萬物的和諧。

講古藝術

在非洲有所謂的「講古人」，他們以一套特殊的語言，講述民間傳說和創世神話，並傳承各民族特有的習俗。在非洲社會，講古人是祖先智慧的繼承人和守護者，能促進族內的團結和綿延，所以享有特殊地位。

傳統宗教

非洲人以特定的物品或地點象徵祖先，比如茅屋中間的柱子、用煙燻黑的座椅，或是以土堆高的小丘，並在土堆上插樹枝，作為祭壇。人們獻上牲禮，行灑祭，祈求祖先亡靈大發智慧，庇護後人。非洲人認為祖先的亡靈並未和在世的人失去連繫。

神祇與精靈

在非洲的傳統宗教裡，眾神祇中地位最崇高的就是造物主。造物主是存在宇宙間的一股力量，不具實象，因此難以親近。造物主原本住在地上，據說是因為人類犯了錯，才遠離人間；當時祂將祂的能力傳給一群凡人看不到也摸不著的神靈，祂們的地位僅次於至高無上的造物主，並擁有超人的能力，有時以動物的形態顯現，有時化身成人的模樣，無時無刻不影響人類的生活。因此人類必須不斷的用宗教儀式和這些神靈對話，以請求神靈的指引。

在非洲民族信仰的諸多神靈中，祖先的亡靈有其特殊地位。祖先亡靈存在於與陽間相對的陰間，是人與神祇之間的中介者。非洲人祭拜祖靈，有一定的儀式。有些部落、聚落或民族的開山始祖之靈，則已被神化。

象牙海岸羅比地區的舞蹈

舞蹈與非洲人的生活密切相關，並且具有神聖的意義。非洲舞蹈所要表現的，即是與統御世界的神力和平共融的精神。非洲所有的宗教儀式都包含舞蹈。圖中是象牙海岸羅比地區的農民正在跳舞慶祝，酬謝神靈賜予豐收。

無處不祭

非洲傳統宗教認為，像生、死此等人生大事，或是像季節更迭和自然災害之類的重大事件，都會打破由眾神祇所建立的和諧世界。所有的人必須舉行各式各樣的祭典或儀式，向神祇祈求平安康泰，並能五穀豐收，六畜興旺。

其中最重要的儀式就是啟蒙禮和喪禮。啟蒙禮通常在青春期舉行，喪禮則代表亡者由人世轉往冥界的過渡期。為了使青少年成為部族中的正式成員，族人會讓他們離群索居一段時間，給予特殊訓練。這些青少年除了聆聽代代相傳的道德規範，還要接受體能的考驗，有些非常艱苦，如讓螞蟻啃咬、受鞭打、刺青等等，以磨練他們的耐力和人格。而且不論男孩、女孩都要行割禮。

非洲的傳統宗教儀式中，音樂與舞蹈相間，參加儀式的人會戴上面具。面具是一種禮器，通常用木頭雕刻而成；非洲人認為儀式進行時，面具會附有神力。

在非洲，喪禮持續數日。只要一家有喪事，全村的人都會來參加喪禮。喪禮時，人們趁機和神靈溝通，同時藉此撫慰亡者親友的哀傷情緒。喪禮中進行的儀式包括奉獻祭品、祈禱、宰殺動物為牲禮、詠唱和舞蹈，還要製作面具等等。

卜者與法師

在非洲傳統宗教的儀式中，卜者和法師不可缺席。當有疾病、乾旱或孩童早夭等事件突然發生時，人們會請卜者解釋原因，然後再由法師介入，先接收神靈散發的神力，再加以施用。法師會誦唸咒語，使用各種器物，如貝殼、石頭、動物的犄角、小雕像等等，這些都被非洲傳統宗教視為具有法力的器物。

儘管巫師會施惡法，法師卻可用其他法術破解。雖說巫師和法師勢不兩立，但又關係密切。巫師會招來厄運，所以要藉助法師來抵消巫師的力量。

卜者

卜者使用特殊方法求得神明的指示，再進一步闡釋神意，比如講述預言、觀察獻祭動物的內臟或是動物留下的足跡等等。圖中是非洲馬利的一位卜者，他正在觀察一匹豺狼留下的腳印。沙上繪的是神壇，神壇上擺著餌，豺狼受到引誘前來，才在沙上留下腳印。

傳統宗教

美洲的信仰

北美洲在 16 世紀歐洲人登陸以前,遍佈著游牧或定居的印第安人部落。現在,北美洲的印第安人只剩幾百萬人,但他們仍然努力延續印第安的泛靈信仰傳統,以維護民族認同。

印第安各族都相信,自然界的萬事萬物和生靈是由一位神明賜予的,這位神明是印第安人眼中偉大的造物主,或稱「大靈」;艾爾鞏欽族稱之為「馬尼杜」;蘇族稱之為「瓦肯」;伊羅克瓦族稱之為「歐倫達」。造物主由其他小神輔佐。

印第安部族在婚喪喜慶時都會舉行宗教儀式,重修神靈*和人之間的約定。透過宗教儀式,自然界各種事物方能互相平衡。

印第安傳統宗教儀式由通靈人薩滿主持。薩滿專門和靈界溝通,擁有守護神賜予的法力,他可以預卜未來,招引好運,並使用符籙和特製藥劑,將附在病體上的邪靈驅離,以治癒病人。

圖騰

印第安人用雪松雕刻出的木柱,稱作「圖騰」,以神話動物來象徵部族祖先、男女婚約、家族歷史和部落標記。

生活在北極的愛斯基摩人,絕大多數都不再以傳統方式生活,然而依舊保持傳統信仰。愛斯基摩人認為「西拉」是至高的神祇,象徵維持大地欣欣向榮的生命力。人類只是造物中的一部分,所以應該要尊重其他生靈,因為動物也有生命,就算是對被獵捕的動物也不例外。

傳統宗教

**印第安雅諾馬米族
的少女**

青春期是接受部族啟蒙
的重要階段，要遵行許
多儀式，包括將少年幽
禁於家中某個角落，經
歷象徵性的死亡；改變
姓名；接受剌青、剃髮；
男孩則須通過耐力考
驗。

南美洲的印第安人

廣闊濃密的亞馬遜森林區，有亞馬遜河流經，
幾千年來一直住著印第安人部落。儘管部落
間的習俗各不相同，然而由於信仰雷同，又
都過著捕漁打獵、種食木薯的生活，所以彼
此在文化上非常類似。

　　印第安人和大自然和平共存，他們認為
自然之中充滿了神靈，比如月亮和太陽等自
然現象之中，就有神靈存在；動物會化身成
人。

　　印第安的傳統信仰中，向神靈祈福的儀
式可謂形形色色。舉行儀式也具有加強族群
歸屬感的意義。印第安人身上的耳洞、鼻洞、
唇洞及身上的彩繪，可用來辨別身分地位。
人們在身上繪上魚或鳥的圖案，裝扮成為魚
神或鳥神。最重要的宗教儀式是葬禮和在青
春期舉行的啟蒙禮。

黑奴條約簽訂以後，
非洲自 16 到 19 世紀之
間，輸出了數百萬的奴
隸。他們維持原有的傳
統信仰和儀式，並將之
融進當初被強迫信仰的
基督宗教裡。這種宗教
混合的現象目前依然存
在，而且有各種形式。
在巴西，稱為「坎冬布
雷」；在大溪地，稱為「伏
都」。它們的儀式令人咋
舌，有類似乩童出神*
起乩的舞蹈、泥漿浴、
死屍復活等等。

大洋洲的信仰

艾亞斯岩

亞波利吉尼人與他們的宗教聖地之間的關係密切，其中最著名的就是艾亞斯岩。艾亞斯岩聳立於中澳沙漠，1983 年澳洲政府象徵性地歸還給原住民；此後，人們就以艾亞斯岩的原名「烏爾魯」來稱呼它。

在和西方人接觸以後，美拉尼西亞群島的原住民傳統信仰已經融入部分外來元素，其中船祭即為一例。舉行船祭的原住民相信有一天會有載滿財寶的貨船靠岸，將祖先載回來，並把白人趕走。

大洋洲僅存的幾個原始社會，其傳統信仰仍然非常活躍，尤其以澳洲和美拉尼西亞群島北部（新幾內亞和所羅門群島）的原住民更是如此。大洋洲的原住民傳統信仰散佈於互努阿圖群島、新喀里多尼亞群島和波里尼西亞群島，以及有毛利人居住的紐西蘭。

有關世界起源的神話

大洋洲諸民族的傳統信仰，特別著重世界的起源；有許多相關的神話故事，世世代代以口相傳。澳洲亞波利吉尼人的神話是其中最有名的。

在遠古「夢的時代」，精靈、神仙和半仙創造出我們現在所看到的世界。他們創造出山川、花樹、鳥獸，並將自己的一部分智慧給了人類。自此以後，神仙、精靈就消失不見。其中有些神仙進入地底深處，從此成為神聖不可褻瀆的神祇，在地下繼續察看地上的人們。

傳統宗教的儀式多在重現民族神話，並聚合各方神靈的造化力量，同時和靈界溝通。儀式中有吟唱、誦詠和舞蹈，並使用神聖的禮器。專門為女性舉行的儀式，嚴禁男性參加，反之亦然。

相信遠古傳說的人，一般稱之為「泛靈信仰者」，全球約有兩億人，散佈在非洲、美洲和大洋洲。泛靈信仰正受到基督宗教和伊斯蘭教的競爭。

祭祖

大洋洲的原住民認為生命是宇宙間的一種循環，有生就有死。亞波利吉尼人相信每個人都是按照「夢的時代」的神靈所創造出來的，所以人死以後，又會恢復神靈的身分。

祭祖的習俗在大洋洲頗為普遍。毛利人的每個部落都有一集會所，稱為「瑪雷」，柱子上刻有祖先的雕像。瑪雷是陰陽兩界交會之處。新喀里多尼亞群島的凱那克人則將土堆高成小丘，以表達對祖先的敬意。該族的祭祖儀式和豐年祭一起舉行。

巴布亞的「薩滿」

在大洋洲，薩滿是部落首領，也是人與神靈之間的媒介。巴布亞巴魯亞人的薩滿還負責治療族人的疾病。圖中的這位薩滿正將泥漿塗在年輕人的腹部，為肝解熱。肝被視為生命的中樞。

世界宗教分佈圖

北迴歸線

赤道

南迴歸線

150°O

90°O

坎特伯利

日內瓦

凱

86

天主教
新　教　基督宗教
東正教

猶太教

● 少數猶太人區（兩萬五千人以上）

分佈圖

素尼派
什葉派 }伊斯蘭教

印度教

佛教,
儒家思想,
道教, 神道教
其他宗教 (泛靈信仰)

羅馬 宗教的中心

180°

90°E

庫姆 • 麥什特 • 拉薩
大馬士革 • 那哲夫
撒冷
卡巴拉 瓦拉納西 • 迦耶
羅
• 麥地那
• 麥加

5 000 km
赤道比例尺

聖 言 錄

「以色列啊！你要聽：耶和華我們神是獨一的主。你要盡心、盡性、盡力愛耶和華你的神。」

《舊約聖經·申命記》六,4

「你們祈求，就給你們；尋找，就尋見；叩門，就給你們開門。因為凡祈求的，就得著；尋找的，就尋見；叩門的，就給他開門。」

《新約聖經·馬太福音》七,7

「人生恰如水鳥喙上懸著的露珠上倒映的月影。」

禪宗祖師道生

「如果你們為自己求，卻不為你們的兄弟求，你們之中將無人能得到真正的信仰。」

穆罕默德《言行錄》

「知人者智；自知者明。」

《老子》

「祂用陽光使空氣閃耀，祂讓大地安泰，祂如擎柱般立起蒼穹，祂如舞般躍出宇宙的邊界,祂如歌般唱出風來，這位我們所服事的神，如此的與眾不同，祂究竟是誰?」

黎俱吠陀

「智者之心猶如深湖，澄淨無波。」

佛陀訓示

「生命是什麼？生命是夜晚螢火蟲的一道閃爍，是冬天野牛的一口喘息，是在草間奔跑的一個小影子，太陽一出來就消失不見。」

印第安布拉克非族酋長克勞福
(Crowfoot, 1821-1890)

「子曰：未知生，焉知死?」

《論語》第十一章第十一篇

「死去的人並沒有離開。」

非洲諺語

89

希臘的梅得奧拉奇岩

東正教的僧侶在希臘德沙里陡峭的岩石山巔，建立了修道院。他們發願永不離開這個與外界隔絕的隱地，生活日用品則以繩索和小筐載運入院。

合一運動

幾百年來，基督宗教的教會一直呈現分裂狀態，目前各派之間正在努力協調，彼此修和。基督宗教的合一運動*於 20 世紀初由新教徒首先發起。（接下頁）

60 年代，英國國教教會和天主教教會，開始共同為兩教教會的統一努力，但由於英國國教教會任命女性為牧師和主教，於此雙方仍未取得共識。1964 年，天主教和東正教開始互相接近，至今雙方仍持續推動合一。1970 年起，基督宗教合一運動希望能擴及其他宗教。1974 年，第一屆宗教合一大會在法國戴哲舉行，有來自全球各地的青年前往參加。1986 年，由教宗若望保祿二世發起，在義大利的阿西西，召開世界宗教代表大會。

尚–瑪利–特吉堡 (Jean-Marie-Tjibaou) 文化中心

該中心由建築師倫佐‧皮亞諾 (Renzo Piano) 設計，位於新喀里多尼亞群島上的努美亞，是大洋洲最大的文化綜合館，1998 年 5 月開幕。中心保存有加那克文化和傳統信仰的相關文物，也收藏其他鄰島的文物。

世界宗教的夢

19 世紀在伊朗出現「巴哈伊教」，由巴哈‧阿拉 (Baha Allah, 1817–1892) 創教。他的信徒認為世界各大宗教如猶太教、基督宗教、伊斯蘭教和佛教等都很類似，而且每一教的先知和聖典他們都承認。他們相信人類在一神信仰下終將大同。巴哈伊教沒有神職人員，也不舉行聖事，教人要經常祈禱，一年守十九天的齋戒，並遵守道德規範。目前世界各地都有巴哈伊教的信徒。

杜林裹屍布的祕密

在杜林發現的這匹麻布，長四百三十六公分，寬一百一十公分，藏於義大利杜林施洗約翰大教堂內。麻布因為裹過屍體，上面留有一些印記，看得出是一具受過酷刑的男子遺體，頭部環繞荊棘編成的冠冕，身體有多處遭鞭打的痕跡。有人認為這是基督受難死後下葬所使用的裹屍布；經過科學分析以後，專家認為這是一件中世紀的古物。然而祕密還是沒有解開。沒有人能解釋布匹上的影像是如何造成的。

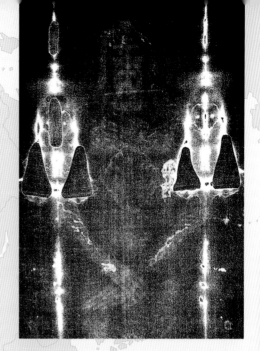

三教聖地——耶路撒冷

古老的耶路撒冷城，集三大一神教的聖地於一身，同時是猶太教、基督宗教和伊斯蘭教的聖城。耶路撒冷的哭牆是猶太教的聖地，無數猶太人到哭牆前祈禱；基督徒則蜂擁到聖墓教堂朝聖，據說那裡是基督陵墓的原址。

繼麥加和麥地那之後，耶路撒冷是伊斯蘭教的第三聖城。伊斯蘭教徒到耶路撒冷來參訪磐石圓頂清真寺，因為據說這裡是亞伯拉罕獻子燔祭的地方；穆罕默德於末日審判時，也將回到這裡。

參考書目

宗教大地圖集 (*Le Grand Atlas des religions*), Encyclopædia Universalis, 1990.

Odon Vallet, 世界宗教 (*Les Religions dans le monde*), «Dominos» 系列, Flammarion, 1995.

Antoine Sfeir, 宗教地圖冊 (*Atlas des religions*), Hachette Jeunesse, 1990.

Gaston Duchet-Suchaux, 希伯來人 (*Les Hébreux*), 人類文明小百科 («En savoir plus»), Hachette, 1994.

聖經 (*Le Livre de la Bible*), 舊約全書 (*L'Ancien Testament*), 新約全書 (*Le Nouveau Testament*), «Découvertes Cadet» 系列, Gallimard.

Roger Ikor, 教派, 緊急狀態 (*Les Sectes, état d'urgence*), Albin Michel, 1995.

多本著作參見 «Découvertes» 與 «Les contes du ciel et de la terre» 系列, Gallimard.

多本著作參見 «Qui, quand, quoi?» 系列, Hachette.

多本著作參見 «Carnets de sagesse» 與 «Sagesses du monde» 系列, Albin Michel.

多本著作參見 «Terre humaine» 系列, Plon.

Alexandra David-Néel, 巴黎女郎拉薩之旅 (*Voyage d'une Parisienne à Lhasa*), Plon, 1927. Plon 出版的其他專業書籍如：我曾經住過印度 (*L'Inde où j'ai vécu...*).

Ernest Renan, 耶穌的一生 (*Vie de Jésus*).

Hermann Hesse, 西德哈塔 (人名, *Siddharta*), Grasset, 1925.

Yukio Mishima, 春雪 (*Neige de printemps*), Gallimard, 1980.

期 刊

在書店或報亭可以找到許多宗教方面的專業期刊，如：宗教時事 (*L'Actualité religieuse*), 我們的歷史 (*Notre Histoire*), 聖經的世界 (*Le Monde de la Bible*), 或天主教日報出版的特刊十字架 (*La Croix*).

音 樂

視聽樂 (*Audivis-Tempo*), collection «Religions du Monde», Audivis-Fontalis.

電 影

伏都教 (安的列斯群島黑人的一種宗教, *Vaudou*), de Jacques Tourneur, 1943.

十誡 (*Les Dix Commandements*), de Cecil B. de Mille, 1956.

歐佛尼格 (亞馬遜河支流名，也是故事發生地點, *Orfeu Negro*), de Marcel Camus, 1959.

雪恩人 (北美的草原民族之一, *Les Cheyennes*), de John Ford, 1963.

小巨人 (*Little Big Man*), d'Arthur Penn, 1970.

拿撒勒的耶穌 (*Jésus de Nazareth*), de Franco Zeffirelli, 1976.

目擊者 (*Witness*), de Peter Weir, 1984.

泰瑞茲 (修女名, *Thérèse*), d'Alain Cavalier, 1986.

末代皇帝 (*Le Dernier Empereur*), de Bernardo Bertolucci, 1987.

與狼共舞 (*Danse avec les loups*), de Kevin Costner, 1991.

達賴五世 (或小活佛, *Kundun*), de Martin Scorsese, 1998.

博物館和資料館

反精神操控中心 (Centre contre les manipulations mentales CCMM-Roger Ikor), 19, rue de Turgot, 75009 Paris.

當代猶太教資料館 (Centre de documentation juive contemporaine), 17, rue Geoffroy-l' Asnier, 75004 Paris.

天主教協會資料暨文獻館 (Institut catholique, Centre d'information et de documentation), 21, rue d'Assas, 75006 Paris.

阿拉伯世界協會 (Institut du Monde arabe), 1, rue des Fossés-Saint-Bernard, 75005 Paris.

猶太教歷史與藝術博物館 (Musée d'Art et d'Histoire du judaïsme), 71, rue du Temple, 75003 Paris.

人類博物館 Chaillot 宮 (Musée de l'Homme, palais de Chaillot), 17, place du Trocadéro, 15016 Paris.

居美博物館 (Musée Guimet), 45, rue Boissière, 75016 Paris.

國立非洲暨大洋洲博物館 (Musée national d'Afrique et d'Océanie), 293, avenue Daumesnil, 75012 Paris.

參考書目

本詞庫所定義之詞條在正文中以星號 (*) 標出，以中文筆劃為順序排列。

三 劃

女性割禮 (Excision)
某些泛靈信仰的非洲部族為女性施行切除部分生殖器官的手術。

四 劃

分立 (Schisme)
一團體因為權力和原則問題導致分裂。

巴利文 (Pali)
巴利文是斯里蘭卡佛教僧侶最初在紀錄佛陀開示時所使用的語文。巴利文目前在東南亞仍有通行。

比喻 (Parabole)
四福音書中具道德寓意的譬喻性故事。

火葬 (Crémation)
將亡者的遺體以火焚化。

五 劃

出神 (Transe)
一個人的精神脫離了自我和現實世界，呈現出一種興奮的狀態。

六 劃

合一運動 (Œcuménisme)
源自希臘文 "oikoumené (gé)"，是「有人居住的土地」的意思。"Œcuménisme" 有兩個意義，一是指具有普世性質的事物，一是指極力推動基督宗教各教會團結融合的合一運動。

多教混合 (Syncrétisme)
將數個不同宗教的教義融成一體的宗教型態。

八 劃

宗派，教派，流派 (Secte)
源自兩個拉丁文字，一是 "se-care"，意思是「斷絕」，一是 "sequi"，意思是「跟隨」。"Secte" 是一種宗教運動，意指一群人脫離主要宗教、信從自推的領袖。亞洲的大教之中衍生出的思想流派，也稱為 "secte"。就當今的定義而言，一宗教流派若符合以下幾項特徵，即可稱之為 "secte"：信徒敬拜創立人，以密集方式向信徒灌輸教義，並明顯表現出對其他宗教團體的不包容，傳教方式積極。

門徒，弟子 (Disciple)
遵循老師或師父教誨的人。

使徒 (Apôtre)
「被派遣去的」（從希臘文 apostolos 而來）。使徒共十二人，他們是耶穌基督揀選出來傳播福音的。

幸運符 (Amulette)
一般認為佩戴了能帶來好運的物件。

法器 (Fétiche)
在非洲泛靈信仰中被認為具有法力的器物，源自葡萄牙文 feitico，是「仿造、虛幻」的意思。

九 劃

流散 (Diaspora)
指猶太人幾世紀以來在故土以外流離分散的情形。也可以指「大流放」以後，分散在世界各地聚居的猶太人團體全體。

故事，傳說 (Haggadah)
希伯來文。意思是「傳說、故事」，這裡指猶太法典中以民族觀點所解釋的《聖經》。"Halaka" 則是以法律觀點所解釋的《聖經》。

苦行 (Ascèse)
為獲致靈性圓滿而修習的身心道法。

神靈，精靈 (Génie)
擁有法力的神仙、精靈。

十 劃

殉道者 (Martyr)
源自希臘文，是「證人」的意思。在基督宗教最早期，受到迫害的殉道者以其所受的苦難為自己的信仰作證。

閃族 (Sémite)

上古時代中東地區的閃語系（阿拉伯語、希伯來語和亞蘭語等等）民族全體。

十一劃

教宗選舉會議 (Conclave)
樞機主教根據自 1179 年到 1274 年間大公會議規定，特別為選舉教宗所召開的會議。

教區 (Diocèse)
分配給主教或總主教管轄的區域。

淨身 (Ablution)
以水潔淨身體的禮儀。

異端，邪說 (Hérésie)
教會判定為謬誤的主張，並會加以懲罰。

十二劃

猶太復國運動 (Sionisme)
本字源於耶路撒冷的錫安山 (Sion)。本運動主張猶太人在巴勒斯坦建立獨立的國家。

十三劃

會堂 (Synagogue)
源自希臘文 "sunagogé"，意謂「集會」。本字指聖殿毀壞之後猶太教徒聚集其內祈禱的屋舍。公元前 6 世紀在巴比倫建造的會堂，是最早的一批。

會議 (Concile)
本處指由教宗召請主教參加的會議，目的在於辯論信仰、教義和教會組織等議題。在所有類似會議中，以「大公會議」(œcuménique) 最為重要。

禁忌 (Tabou)
源自波里尼西亞語 "tabu"，意謂「不可褻瀆」。在某些泛靈信仰的社會中，就是指一些儘量避免說出的話和做出的行為，或是一些一定要說的話和要做的事。

經典 (Canon)
從希臘文 kanôn 而來，是「規定、模範」的意思。經典彙集了一系列的宗教性篇章，是教徒信仰的依憑。

聖化 (Sanctification)
能使之神聖的行為。

聖骸 (Relique)
聖人死後遺留的骨骸，成為信徒膜拜的聖物。

詩歌，聖詠 (Psaume)
猶太教信徒在會堂中舉行禮儀時吟唱的詩歌，有其特殊意義。《聖經》的〈詩篇〉收錄有許多詩歌。

十五劃以上

諸神，萬神殿 (Panthéon)
指多神信仰神話傳說中的諸神全體，亦指希臘羅馬人所建的萬神殿。

彌賽亞 (Messie)
源自希伯來文 "maschiah"，意謂《聖經》中神應許給猶太人的「救者」。耶穌基督自稱就是這位「彌賽亞」。「彌賽亞」譯成希臘文就是「基督」。

轉世，輪迴 (Réincarnation)
死後靈魂移入另一個軀體內。印度教、耆那教和佛教都相信「輪迴」。

灌祭 (Libation)
以淋灑液體（如酒或油）於地面或祭壇上的方式獻祭神明。

讚歌，聖歌 (Hymne)
讚美神祇的詩歌，有押韻的也有不押韻的。

所標頁碼為原書頁碼，從粗體號碼的書頁裡可以歸納出該詞完整的意思。

索
引

96

索引

一套專為十歲以上青少年設計的百科全書

人類文明小百科

行政院新聞局推介中小學生優良課外讀物

· 充滿神祕色彩的神話從何而來？

· 埃及金字塔埋藏什麼樣的祕密？

· 想一窺浩瀚無垠的宇宙奧祕嗎？

人類文明小百科

為您解答心中的疑惑，開啟新的視野

EN SAVOIR PLUS

人類文明小百科

三民叢刊196　寶島曼波　　　李靜平　著

行政院新聞局推介中小學生優良課外讀物

木屐是做什麼用的呢？
穿的？嘿！那你就太小看它了唷！
生活在衣食無缺的年代，
你是否少了那麼點想像力呢？
沒關係，讓寶島曼波重新刺激你的神經，
告訴你在爸爸媽媽的童年時代裡，
木屐的各種妙用。
小心！別笑到肚子疼喔！

三民叢刊176　兩極紀實　　　位夢華　著

文建會「好書大家讀」1998科學組圖書年度最佳少年兒童讀物

本書收錄作者1982年在南極，
及1991年獨闖北極時寫下的考察隨筆和科學散文，
將親眼所見之動物生態、
風土民情，以及自然景致描繪出來，
帶領你徜徉極地的壯闊之美；
更以關懷角度提出人類與生物、社會與自然、
中國與世界、現在與未來的省思，
是本絕不容錯過的好書。

國家圖書館出版品預行編目資料

宗教與信仰 / Dominique Joly著; 王書芬譯.－－初版
一刷.－－臺北市; 三民, 2003
　　面；　　公分－－(人類文明小百科18)
含索引
譯自:Religions et croyances
ISBN 957－14－3701－8 　(精裝)

1.宗教 2.信仰

200　　　　　　　　　　　　　　　91020210

網路書店位址　http：// www. sanmin. com. tw

© 　宗教與信仰

著作人　Dominique Joly
譯　者　王書芬
發行人　劉振強
著作財
產權人　三民書局股份有限公司
　　　　臺北市復興北路386號
發行所　三民書局股份有限公司
　　　　地址／臺北市復興北路386號
　　　　電話／(02)25006600
　　　　郵撥／0009998－5
印刷所　三民書局股份有限公司
門市部　復北店／臺北市復興北路386號
　　　　重南店／臺北市重慶南路一段61號
初版一刷　2003年1月
編　號　S 04018
定　價　新臺幣貳佰伍拾元
行政院新聞局登記證局版臺業字第○二○○號

ISBN　957-14-3701-8　(精裝)